처음 만나는
삼국유사

미래주니어

머리말

우리가 가장 먼저 읽어야 할 으뜸 고전

《삼국유사》는 우리나라 최초의 역사책인 《삼국사기》의 문제점을 바로잡고자 나온 책이에요. 《삼국사기》를 쓴 김부식은 중국의 자료를 참고로 우리 역사를 썼어요. 당시의 학자들은 중국 것이 최고라고 여겼어요. 그러다 보니 우리의 수많은 역사가 왜곡되거나 축소된 것이 많았지요.

그 예로 《삼국사기》에는 우리 민족의 뿌리가 되는 '단군신화'가 없어요. 단군의 신이한 탄생과 괴이한 사건들이 유교적 합리주의에 맞지 않는다고 여겨 빼 버렸지요. 중국 역대 왕들의 신이하고 괴이한 탄생은 믿으면서 우리의 뿌리인 단군의 탄생은 무시했던 거예요.

하지만 《삼국유사》를 쓴 일연은 단군신화를 당당하게 우리 역사의 첫 페이지에 기록했어요. 이 밖에도 《삼국유사》에는 역사적인 사실과 허구, 전설과 설화, 현실과 판타지의 경계를 자유로이 넘나드는 이야기들이 많이 실려 있어요. 특히, 이두나 향찰로 표기한 '향가 14수'는 〈균여전〉에 실린 '향가 11수'와 함께 한국고대문학사 연구에 중요한 자료가 되고 있어요.

　《삼국유사》는 한국 고대 사회의 역사뿐만 아니라 문학·종교·문화·풍속·언어·미술·지리·가치관 등을 연구하는 데 크게 기여했어요. 그래서 우리가 가장 먼저 읽어야 할 우리의 으뜸 고전으로 꼽히지요. 무엇보다 신비롭고 기괴한 이야기 속에 우리의 문화와 얼을 엿볼 수 있어요. 그래서 《삼국유사》는 우리 역사를 공부하는 어린이들이 제일 처음 꼭 읽어야 하는 필독서랍니다.

　《처음 만나는 삼국유사》에서는 지루하거나 복잡한 내용들은 빼고 어린이들에게 꼭 필요한 내용을 알기 쉽고 흥미롭게 풀어놓았어요. 각각의 내용 끝에는 '깊이 생각해 보기'를 실어 이야기를 꼼꼼히 되짚어 보도록 했어요.

　이 책을 통해 우리 역사와 문화 등에 자부심을 가지고, 앞으로의 삶을 슬기롭게 가꾸어 나가기를 바랍니다.

글쓴이 함윤미

 삼국유사를 읽기 전에

《삼국유사》는 누가 지었을까?

 《삼국유사》는 고려 후기의 승려 일연이 지은 역사책이에요. 우리나라 최초의 역사책인 《삼국사기》보다 100여 년 늦게 편찬되었어요.

 《삼국유사》를 지은 일연 스님은 1206년 경상도 경산에서 태어났어요. 일연 스님의 출가하기 전 이름은 김견명(金見明)이에요. 일연 스님의 어머니가 환한 해가 비추는 꿈을 꾸고 일연 스님을 낳았다고 해서 붙여진 이름이지요. 일연 스님은 어려서 일찍 아버지를 여의고 홀어머니와 외로이 살았어요.

 아홉 살 때 '무량사'에 들어가 수도 생활을 시작해, 열네 살 때 '진전사'에서 승려가 되었어요.

 이후 여러 절을 다니며 수행을 하다가 스물두 살에 불교의 과거시험인 승과에 합격했어요. 당시는 몽고군이 고려를 침략해 와서 사회가 무척 혼란스러웠어요. 그럼에도 일연 스님은 흔들림 없이 도를 닦았으며 '삼중대사'와 '선사'의 직급에 차례로 올랐어요. 마흔네 살 때는 경남 남해의 '정림

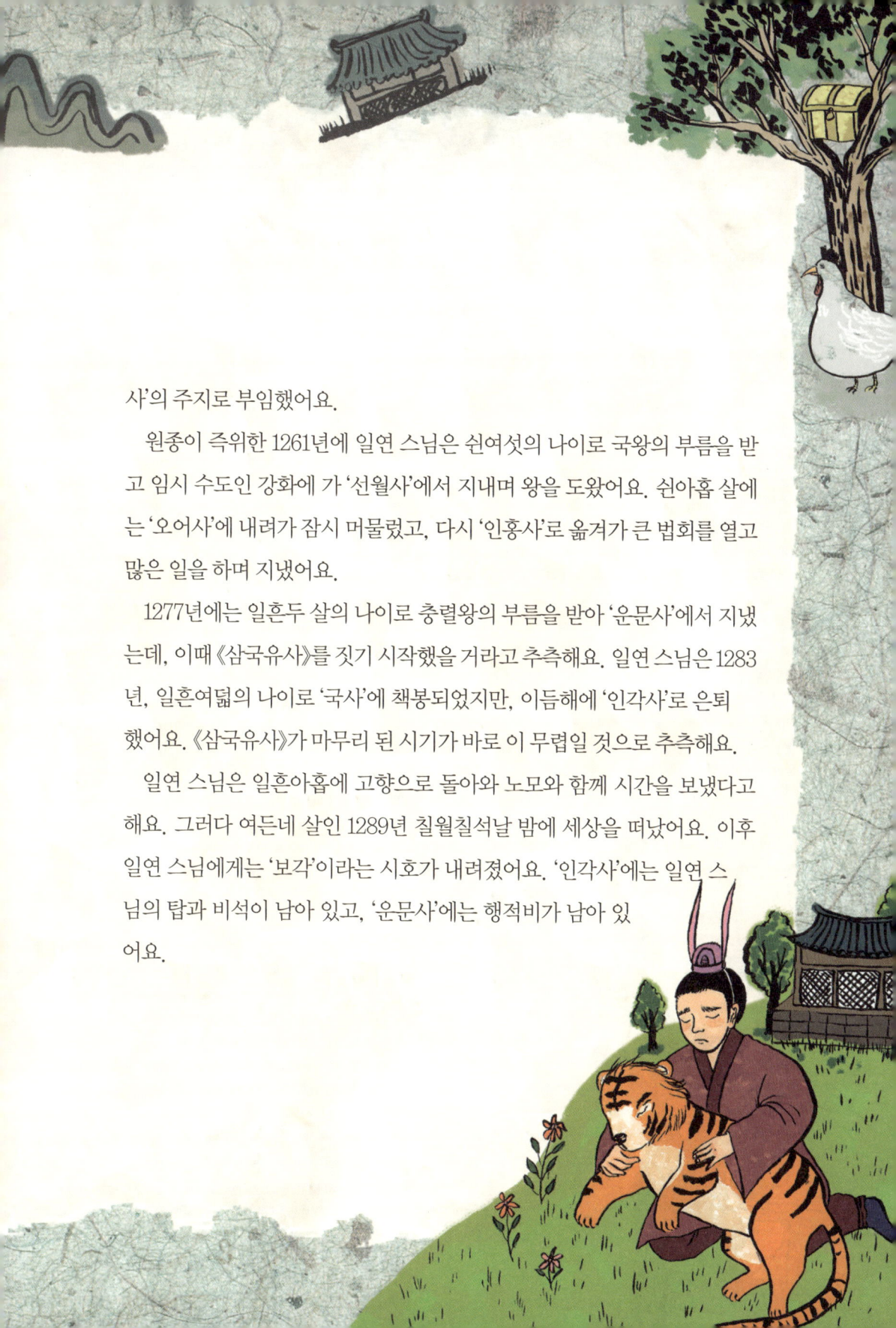

　사'의 주지로 부임했어요.

　원종이 즉위한 1261년에 일연 스님은 쉰여섯의 나이로 국왕의 부름을 받고 임시 수도인 강화에 가 '선월사'에서 지내며 왕을 도왔어요. 쉰아홉 살에는 '오어사'에 내려가 잠시 머물렀고, 다시 '인홍사'로 옮겨가 큰 법회를 열고 많은 일을 하며 지냈어요.

　1277년에는 일흔두 살의 나이로 충렬왕의 부름을 받아 '운문사'에서 지냈는데, 이때 《삼국유사》를 짓기 시작했을 거라고 추측해요. 일연 스님은 1283년, 일흔여덟의 나이로 '국사'에 책봉되었지만, 이듬해에 '인각사'로 은퇴했어요. 《삼국유사》가 마무리 된 시기가 바로 이 무렵일 것으로 추측해요.

　일연 스님은 일흔아홉에 고향으로 돌아와 노모와 함께 시간을 보냈다고 해요. 그러다 여든네 살인 1289년 칠월칠석날 밤에 세상을 떠났어요. 이후 일연 스님에게는 '보각'이라는 시호가 내려졌어요. '인각사'에는 일연 스님의 탑과 비석이 남아 있고, '운문사'에는 행적비가 남아 있어요.

《삼국유사》는 어떻게 구성되어 있을까?

　《삼국유사》는 전체 5권으로 이루어져 있어요. 5권은 다시 9편의 편목으로 나뉘어 있어요.
　권1에는 〈왕력〉 제1, 〈기이〉 제1이 수록되어 있어요. 〈왕력〉 제1 편은 연표예요. 신라·고구려·백제·가락의 순으로 신라부터 후삼국 그리고 고려 태조 통일에 이르기까지 왕대와 연표가 도표로 잘 정리되어 있어요. 〈기이〉 제1 편에는 단군조선부터 삼한·부여·고구려 그리고 통일 이전의 신라와 태종무열왕에 이르기까지, 그 시기의 중요한 일들이 왕의 행적 중심으로 기록되어 있어요.
　권2에는 〈기이〉 제2 편이 수록되어 있어요. 여기에는 통일신라의 문무왕부터 신라의 마지막 왕인 경순왕에 이르기까지 신라를 중심으로 백제와 후백제, 가야의 왕 혹은 왕 주변에서 일어났던 신이한 일들을 기록했어요.
　권3에는 〈흥법〉 제3, 〈탑상〉 제4 편이 수록되어 있어요. 〈흥법〉 제3 편에는 삼국의 불교 전래와 불법을 일으킨 여러 사람에 관한 이야기가 실려 있어요. 〈탑상〉 제4 편에는 신라의 불탑과 불상에 얽힌 이야기, 사탑의 유래 등이 적혀 있어요.

권4에는 〈의해〉 제5 편이 수록되어 있어요. 여기에는 신라의 수행 높은 고승들의 전기가 모여 있어요.
　권5에는 〈신주〉 제6, 〈감통〉 제7, 〈피은〉 제8, 〈효선〉 제9가 수록되어 있어요. 〈신주〉 제6 편에는 신이한 행적을 보여준 신라의 승려들에 관한 이야기가 실려 있어요. 〈감통〉 제7 편에는 신이하고 경이로운 이야기들과 마음의 감응을 일으킨 이야기들이 실려 있어요. 〈피은〉 제8 편에는 무엇에도 얽매이지 않는 초탈한 행적을 보인 사람들의 이야기가 기록되어 있어요. 마지막으로 〈효선〉 제9 편에는 효와 선을 행한 사람들의 아름다운 이야기가 실려 있어요.
　《삼국유사》는 저자가 승려의 신분이었기에 이야기 속에 불교의 비중이 커요. 하지만 당시의 민속이나 지명, 사상과 신앙 등을 집대성해 놓은 한민족의 역사를 기록한 책이라는 점에서 그 가치가 이루 말할 수 없이 높답니다.

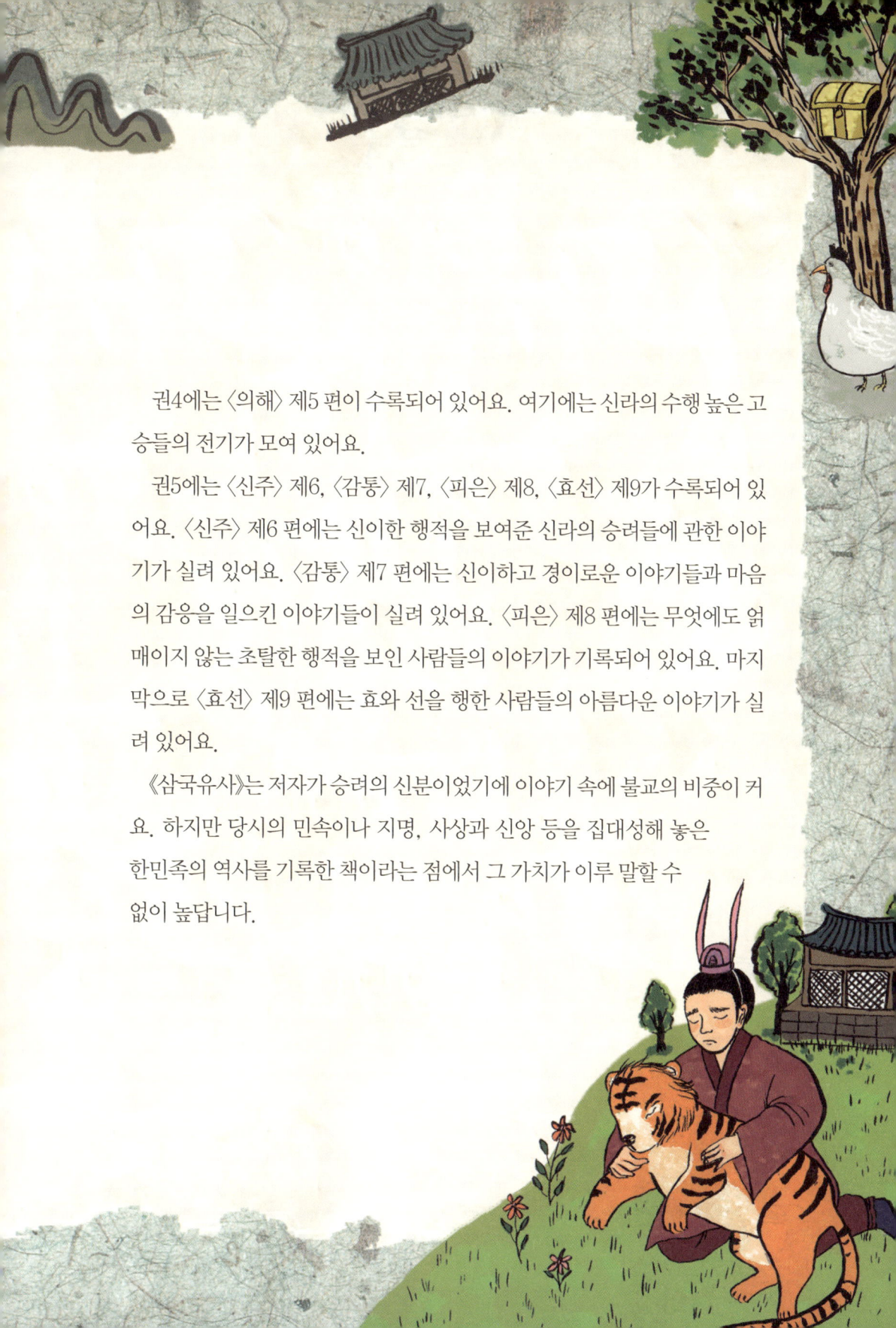

차례

머리말 **2**

《삼국유사》를 읽기 전에 **4**

1장 나라를 세우고 백성과 함께 한 왕들

고조선을 세운 곰의 아들 단군왕검 **14**

동부여를 세운 해부루왕과 금빛 개구리 금와왕 **19**

열두 살에 고구려를 세운 고주몽 **24**

백제를 세운 온조 **29**

신라를 세운 박혁거세와 알영 **34**

가야를 세운 김수로왕 **38**

서동과 선화공주 **43**

황금 궤짝에서 나온 김알지 **48**

댓잎 군사와 미추왕 **53**

2장 불교를 전한 승려들과 기이한 이야기

흰 피를 흘리며 죽어간 이차돈 **58**

독룡을 물리친 혜통 **62**

산신령을 만난 원광 **66**

불교를 널리 알린 원효 **70**

놀라운 능력자 혜공 **74**

죽었다가 다시 살아난 선율 **78**

하늘에 뜬 두 개의 해와 월명 **83**

호랑이도 먹어치우지 못한 혜현의 혀 **87**

불교를 크게 일으킨 자장 **92**

3장 인간과 귀신 세계를 넘나든 사람들

도깨비와 함께 다리를 놓은 비형랑 **98**

활솜씨로 용왕의 딸을 얻은 거타지 **103**

밀본에게 꼼짝 못한 귀신들 **108**

마마 귀신을 물리친 처용 **112**

노힐부득과 달달박박 **116**

해와 달을 비추는 연오랑과 세오녀 **121**

하늘나라와 인간세계를 넘나든 표훈 **125**

4장 신비롭고 놀라운 이야기

거문고 집을 쏘아라! **130**

자라가 준 신기한 구슬 **135**

노인과 용 그리고 수로부인 **139**

임금님 귀는 당나귀 귀 **144**

누이동생을 왕비로 만든 김유신 **149**

부처가 된 계집종 욱면 **153**

불기만 하면 나쁜 일이 해결되는 피리 **158**

공을 다투지 않고 숨어버린 물계자 **162**

5장 진실한 사랑과 효를 행한 사람들

호랑이 처녀와 김현의 사랑 **168**

허벅지 살로 고깃국을 끓여드린 신효 **173**

어머니를 위해 아들을 묻으러 간 손순 **177**

꿈속의 하룻밤 사랑 **182**

두 세상 부모에게 효도한 김대성 **187**

효를 이룬 진정의 깨달음 **191**

환웅은 제사 지내는 사람이라는 뜻으로 아이를 '단군'이라 불렀다.

단군은 지혜롭고 용감하게 자랐다. 여러 마을의 사람들이 찾아와

단군에게 존경의 마음을 알리고 왕이 되어 달라고 부탁했다.

마침내 단군은 나라를 다스리는 권력자 '왕검'이 되었다.

새 나라를 연 단군왕검은 평양성에 도읍을 정하고,

나라 이름을 '조선'이라고 지었다.

— 〈처음 만나는 삼국유사〉 중에서

1장

백성과 함께 한 왕들
나라를 세우고

고조선을 세운 곰의 아들
단군왕검

까마득히 멀고 먼 옛날, 하늘나라에 환인이라는 임금과 백성이 살았다.

환인과 백성들은 아래 세상을 늘 지켜보았다. 환인의 아들 환웅은 특히 아래 세계에 관심이 많았다.

"저 밑은 참 근사한 것 같아. 내려가서 살고 싶어."

사람과 짐승, 강과 바다, 나무와 풀, 꽃과 나비들이 어울려 사는 게 좋아보였다. 환웅의 마음을 진작부터 알고 있던 환인은 크게 결심하고 말했다.

"네 소원을 들어주마. 내려가서 아래 세상을 다스려 보아라."

환인은 환웅에게 하늘의 보물인 천부인 3개를 주었다. 청동검과 청동거울, 청동방울을 받아든 환웅은 기뻐서 어쩔 줄 몰랐다.

"감사합니다, 아바마마!"

환웅은 바람신, 비신, 구름신과 무리 3천 명을 거느리고 태백산 꼭대기에 닿았다. 가장 먼저 신령한 나무인 신단수 아래에다 하늘에 제사를 지낼 신단을 쌓았다. 그런 다음 신단 아래쪽에 터를 닦아 신시라는 마을을 만들었다.

환웅은 사람들에게 농사짓는 법을 가르쳐 주고, 옳고 그른 일을 가려 주고, 병을 고쳐주는 등 360여 가지에 달하는 일을 맡아 했다.

날이 가물면 구름신이 구름을 모으고, 비신이 비를 내리고, 바람신이 빗물을 흩뿌려 주었다. 덕분에 곡식이 무럭무럭 자라 사람들은 걱정 없이 살았다. 다른 곳에 살던 사람들까지 신시로 모여들어 마을은 점점 더 커졌다.

사람들이 부러웠던 곰과 호랑이가 환웅을 찾아와 간절히 부탁했다.

"부디 우리도 사람이 되어 지혜롭게 살 수 있도록 해 주십시오."

"너희 소원을 들어주마. 단, 조건이 있다. 동굴에 들어가 이 쑥 한 줌과 마늘 스무 쪽을 먹고, 100일 동안 햇빛을 쐬지 말라."

곰과 호랑이는 동굴로 들어가 쑥과 마늘을 먹으며 지냈다.

"우웩, 이렇게 쓰고 매운 걸 어떻게 먹으라는 거야, 꺼억!"

호랑이는 투덜거리며 겨우겨우 쑥과 마늘을 삼켰다. 쓰고 맵기는 곰도 마찬가지였지만 아무 말 없이 참고 먹었다. 그렇게 하루가 지나고, 이틀이 지나고, 사나흘이 지나갔다.

호랑이는 답답해서 견딜 수가 없었다.

"도대체 이 컴컴한 데서 언제까지 쑥이랑 마늘로 버텨야 하지?"

"100일이라고 했잖아. 100일만 버티면 우리도 사람이 될 수 있다고."

곰도 힘들었지만 사람이 되고 싶은 마음이 간절했기에 참고 견뎠다.

며칠이 지나자 호랑이는 정신이 나간 것처럼 고래고래 소리를 쳤다.

"더는 못 참아! 나가면 밝은 햇빛도 있고, 모든 게 내 세상인데 이 고생을 왜 하냐고!"

호랑이는 동굴을 박차고 뛰쳐나갔다. 굴 속에는 곰만 혼자 남았다.

"무슨 일이 있어도 참고 견딜 테야."

곰은 남은 쑥과 마늘을 먹으며 시간이 지나기를 기다렸다. 그렇게 21일째 되던 날이었다. 갑자기 곰의 털북숭이 몸이 매끈해지기 시작했다. 어여쁜 아가씨, 웅녀가 된 것이다.

사람이 된 웅녀는 아기를 갖고 싶었다. 그래서 날마다 신단수 아래 신단에 가 빌었다.

"비나이다, 비나이다, 어여쁜 아기를 갖게 해 주십시오."

비가 오나 눈이 오나 소원을 비는 웅녀를 환웅은 딱하게 여겼다.

"참을성 있게 견뎌 사람이 되고, 저토록 정성스레 소원을 비니 갸륵하도다."

환웅은 잠시 사람이 되어

웅녀를 아내로 맞이했다. 온 마을 사람들이 둘의 혼인을 축복해 주었다.
날이 지나고 달이 차 환웅과 웅녀 사이에 아들이 태어났다.
"이 아이는 장차 하늘에 제사 지내는 큰 인물이 될 것이다."
환웅은 제사 지내는 사람이라는 뜻으로 아이를 '단군'이라 불렀다.
단군은 지혜롭고 용감하게 자랐다. 다투는 사람들은 화해시키고, 아픈 사람은 낫게 해 주었다. 사냥을 나가면 앞장서서 사나운 짐승에게 맞섰다.
여러 마을의 사람들이 찾아와 단군에게 존경의 마음을 알리고 왕이 되어 달라고 부탁했다. 마침내 단군은 나라를 다스리는 권력자 '왕검'이 되었다. 새 나라를 연 단군왕검은 평양성에 도읍을 정하고, 나라 이름을 '조선'이라고 지었다.
훗날 도읍을 평양성에서 아사달로 옮겼다. 그리고 마을 한가운데에 커다란 성을 쌓았다.
"성 둘레에는 못을 넓고 깊게 파도록 하라. 그러면 적이 쳐들어오지 못할 것이다."
사람들은 단군왕검의 지시에 따라 부지런히 성을 쌓았다.

"벽이 눈과 비에 상하지 않고 오래 견디려면 기초 쌓기를 튼튼히 해야 한다."

"역시 우리 왕은 참 지혜로우셔."

사람들은 언제나 단군왕검을 우러렀다.

단군왕검은 1500년 동안 조선을 평화롭고 살기 좋게 다스렸다. 이 조선이 바로 우리 최초의 나라, 고조선이다.

깊이 생각해보기

단군은 정말로 곰의 아들일까?

단군은 곰의 아들이 아니라 곰신을 믿는 부족을 뜻해요. 환웅이라는 부족이 살 곳을 찾아 태백산에 왔는데, 태백산에는 이미 곰신 부족과 호랑이신 부족이 있었어요. 환웅 부족은 곰신 부족과 힘을 합쳐 우두머리를 뽑았어요. 그 우두머리가 바로 '단군왕검'이에요.

동부여를 세운 해부루왕과
금빛 개구리 금와왕

아주 먼 옛날, 하늘에서 우르릉 쾅쾅 천둥이 울리며 강한 빛이 쏟아졌다. 천둥과 빛을 뚫고 다섯 마리의 용이 나타났다. 용들이 끄는 수레에는 하늘님의 아들이 타고 있었다.

"나는 해모수다. 이 땅을 다스리려고 내려왔노라."

해모수는 머리에 새의 깃털로 꾸민 모자를 쓰고, 허리에는 번쩍번쩍 빛나는 용 모양의 칼을 차고 있었다.

땅에 내려온 해모수는 나라 이름을 '북부여'라 짓고 백성을 다스렸다. 그런데 낮에는 열심히 나랏일을 보다가 저녁이 되면 어디론가 사라졌다.

"벌써 해가 졌구나."

해모수가 밤마다 간 곳은 하늘나라의 궁전이었다. 그곳에서 밤새 쉬다가 다음 날 아침이 되면 어김없이 내려와서 나랏일을 보았다.

해모수는 아들을 얻어 이름을 '부루'라 짓고, 성은 자신의 '해' 자를 붙여 주었다.

해부루는 해모수의 뒤를 이어 북부여의 왕이 되었다.

하루는 해부루왕이 아끼는 신하 아란불의 꿈에 하늘님이 나타났다.

"장차 내 자손을 보내 여기에 나라를 세우려 한다. 그러니 너희는 다른 곳으로 가 터를 잡고 살도록 하라."

"저희가 가야 하는 곳이 어디입니까?"

"동쪽 바닷가에 '가섭원'이라는 곳이 있느니라. 그곳은 땅이 기름져 도읍으로 삼을 만하다. 머뭇거리지 말고 떠나거라."

아란불은 눈을 번쩍 떴다. 꿈이 너무도 생생해 가만히 있을 수가 없었다. 아란불은 해부루왕을 찾아가 꿈속의 일을 고했다. 이야기를 들은 해부루왕의 얼굴이 먹구름처럼 검어졌다.

"본디 이곳은 내 아버지가 세운 나라요. 아버지는 하늘님의 아들이고, 나는 하늘님의 손자인데 어찌 나라를 옮기라 하셨다는 거요?"

"그러게 말입니다. 이게 무슨 조화인지 저도 알 수가 없습니다."

아란불은 더 이상 말을 잇지 못했다.

해부루왕은 몇날 며칠 고민에 빠졌다.

어느 날 해질 무렵이었다. 해부루왕은 답답한 마음을 달래기 위해 궁궐을 나왔다. 그리고 뒤쪽 산에 올라가 하늘을 향해 울부짖었다.

"하늘님, 어찌하여 나라를 옮기라고 하시나이까?"

조금 뒤 온 세상에 어둠이 깔리더니 하늘에 수많은 별이 반짝거렸다. 사방이 고요했고, 무엇 하나 움직이지 않았다. 그때 풀잎을 스치는 바람에 다정한 음성이 실려 왔다. 해부루왕은 음성에 귀를 기울였다.

날이 밝자 해부루왕은 궁전으로 돌아와 신하들을 불러 모았다.

"어제 산에 올라가 하늘님의 음성을 들었소. 이 땅을 다른 사람에게 맡기려는 뜻을 알았으니, 우린 하늘님이 정해 주신 곳으로 나라를 옮깁시다."

해부루왕은 꿈을 꾸었던 아란불에게 모든 것을 맡겼다. 아란불의 지시에 따라 도읍을 옮기는 일은 착착 진행되었다.

드디어 해부루왕은 동쪽으로 나라를 옮겼다. 이때부터 나라 이름을 '동부여'라고 고쳐 불렀다.

하늘님의 계시대로 가섭원은 땅이 기름지고 곡식이 잘 자랐다. 신하들은 왕을 잘 따랐고, 백성들은 배불리 먹고 편히 살았다. 그런데 해부루왕은 마음이 늘 허전했다. 나이가 많은데도 왕의 자리를 이을 왕자가 없었던 것이다. 그 마음을 아는 사람은 오직 아란불뿐이었다.

"왕이시여, 모든 게 안정을

찾았으니 이제 왕자님 얻을 일만 남은 것 같습니다."

왕은 아란불의 말대로 아들을 얻기 위해 노력했다. 산과 강을 다니며 제사도 지냈다.

어느 날, 큰 강과 산에 제사를 지내고 돌아오는 길이었다. '곤연'이라는 연못에 이르렀을 때 왕의 말이 갑자기 멈추더니 꼼짝을 하지 않았다.

말은 연못 옆 큰 바위 앞으로 가더니 무릎을 꿇고 절을 올렸다.

"이상하구나. 이 바위가 예사롭지 않으니 밀어 보아라."

신하들이 달려들어 바위를 밀기 시작했다. 바위가 조금씩 움직이는가 싶더니 한순간 덜커덕 소리를 내며 한쪽으로 굴렀다. 그때 바위가 있던 자리에서 강한 빛이 쏟아져 나왔다.

어찌나 눈이 부시던지 다들 감은 눈을 뜨지 못했다. 그때 누군가가 소리쳤다.

"개구리다! 황금 개구리야!"

사람들은 깜짝 놀랐다. 정말로 개구리가 온몸에서 황금빛을 내뿜고 있었다.

"자세히 봐! 개구리가 아니라 개구리를 닮은 아이야!"

아이를 본 해부루왕은 기쁨의 눈물을 흘렸다. 왕은 아이를 하늘 높이 치켜들고 하늘에 감사의 기도를 올렸다.

"저에게 아들을 내려주셔서 감사합니다!"

신하들도 하늘에 절을 올리며 감격의 눈물을 흘렸다.

해부루왕은 아이의 이름을 금빛 나는 개구리라는 뜻으로 '금와'라고 지었다.

　금와는 해부루왕이 세상을 떠나자 동부여의 왕이 되었다. 그런데 금와왕이 죽자 맏아들 대소가 나라를 다스리다가 망하여 동부여는 세상에 없는 나라가 되고 말았다.

> **깊이 생각해보기**　　**해부루와 주몽은 어떤 관계일까?**
> 《삼국유사》에는 해모수가 북부여를 세운 뒤 해부루를 낳았다고 나와요. 또한, 하백의 딸 유화가 해모수를 만나 고구려를 세운 주몽을 낳았다고 전하지요. 따라서 해부루와 주몽은 아버지는 같고 어머니는 다른 형제 사이예요.

열두 살에 고구려를 세운
고주몽

동부여의 금와왕은 태백산 남쪽 우발수 연못을 지나다가 아름다운 여인을 만났다.

"그대는 여인의 몸으로 어찌 홀로 이곳에 있는가?"

"저는 물의 신 하백의 딸 유화라고 합니다. 어느 화창한 봄날, 동생들과 나들이를 나갔다가 해모수라는 남자를 만났는데, 그는 하늘님의 아들이라고 했습니다. 우리는 서로 첫눈에 반해 웅신산 아래 압록강가에 있는 그의 집으로 가 혼인을 했습니다. 해모수는 제게 집에 가 있으면 곧 데리러 온다고 약속했지만 오지 않았지요. 그 사실을 안 아버지께서 불같이 노하여 저를 이곳에 귀양 보내셨습니다."

"사정이 딱하긴 한데, 그 말을 다 믿을 수도 없고……."

금와왕은 의심을 거두지 않은 채 유화를 데리고 궁궐로 왔다.

"저 여인에게 방 한 칸을 주어라."

"네, 폐하."

신하는 유화에게 햇빛이 들지 않는 으슥한 방을 내주었다. 유화가 방에 들어서자마자 햇빛 한 줄기가 비쳐들었다. 햇살은 유화가 움직이는 대로 따라다니며 몸을 비추었다.

유화의 배가 점점 불러오더니 몇 달 뒤, 닷 되 들이만한 알을 하나 낳았다.

"폐하, 해괴한 일이 벌어졌습니다. 유화가 알을 낳았습니다."

"망측한지고! 알을 돼지우리에 버려 돼지들이 먹어치우게 하라!"

신하는 유화가 낳은 알을 돼지우리에 던졌다. 그런데 돼지들이 먹어치우기는커녕 알을 이리저리 피해 다녔다. 개에게 줘도, 말과 소에게 줘도, 다들 슬슬 피할 뿐이었다.

"알을 들판에 내다버려라!"

그러자 새와 짐승들이 모여들어 깃털과 몸으로 알을 정성껏 품어 주었다. 창으로 찔러보기도 하고 도끼로 내리쳐 보기도 했지만 알은 깨지지 않았다.

"도저히 안 되겠다. 알을 유화에게 돌려주어라."

유화는 알을 천으로 감싸서 꼭 안아 주었다.

얼마 뒤 알껍데기가 쩍 하고 갈라지더니 사내아이가 나왔다. 사내아이는 일곱 살이 되도록 이름도 없이 자랐다. 아이는 활과 화살을 잘 만들었다. 게다가 화살을 쏘면 백발백중 다 맞추었다. 그때부터 아이는 '활 잘 쏘는 아이'라는 뜻으로 '주몽'이라고 불렸다.

주몽은 금와왕의 일곱 아들들과 함께 어울려 놀았다. 그런데 활쏘기

면 활쏘기, 말 타기면 말 타기, 사냥이면 사냥 모든 면에서 주몽의 재주를 따를 자가 없었다.

금와왕의 태자 대소는 자신보다 뛰어난 주몽이 늘 눈엣가시였다.

"아바마마, 주몽은 사람의 아들이 아닙니다. 짐승처럼 알에서 태어난 자가 언제 우리를 해코지 할지 모릅니다. 지금 당장 없애야 합니다."

금와왕은 고민에 빠졌다. 죽이기에는 주몽의 재주가 아깝고, 살려두자니 두려웠던 것이다.

"주몽에게 말 먹이는 일을 시켜라. 인간이란 천한 일을 하다 보면 몸도 생각도 천해지는 법. 그러면 큰일을 도모하지 못할 것이니라."

금와왕의 생각을 알아챈 주몽은 미리 훗날을 대비했다. 가장 좋은 말을 골라 일부러 먹이를 조금씩만 먹였다. 말은 날이 갈수록 야위더니 뼈만 앙상하게 남았다.

어느 날 금와왕이 마구간에 왔다가 볼품없는 말을 보고 말했다.

"저놈은 왜 저리 비실비실하냐? 저걸 네게 줄 테니 죽이든 살리든 해 보아라."

이리하여 주몽은 천하의 명마를 얻게 되었다. 한편, 대소는 주몽을 없애지 못해 안달이었다. 마침내 자신을 따르는 무리와 함께 주몽을 죽일 날을 잡았다. 이를 눈치챈 유화 부인이 다급하게 주몽을 불렀다.

"대소 왕자를 피해 도망가거라. 어딜 가서 살든 너는 큰일을 할 사람이다."

주몽은 눈물로 어머니에게 절을 올렸다. 그리고 명마를 타고 궁을 벗어나 내달렸다. 뒤에는 충실한 부하이자 믿음직스런 벗인 오이, 마리, 협보가 따랐다.

"주몽이 달아났다합니다!"

"뭐라고? 어서 잡지 않고 뭐하는 거야!"

대소는 무리를 이끌고 주몽 일행을 뒤쫓았다.

쉬지 않고 밤길을 달리던 주몽은 큰 강 앞에서 멈추었다.

"이히히힝!"

"큰일이군. 저들이 가까워지고 있는데 강이 놓였으니!"

뒤쫓는 대소 무리의 말발굽 소리가 점점 요란하게 들렸다.

주몽은 강을 바라보며 크게 탄식했다.

"나는 하늘님의 손자이며, 물의 신 하백의 외손자다. 오늘 화를 피해 도망가는데, 뒤쫓는 자들이 거의 따라왔으니 이를 어찌할꼬!"

그때 수없이 많은 자라와 물고기가 떠오르더니, 꼬리에 꼬리를 물고 이어져 강 건너편까지 다리를 놓아주었다. 주몽 일행이 무사히 강을

건너자 자라와 물고기는 흩어졌다. 뒤쫓아 온 대소의 무리는 강 건너의 주몽을 바라보며 발만 동동 굴렀다.

졸본주에 이른 주몽은 그곳을 도읍으로 정하고 나라를 세웠다. 궁궐을 지을 겨를이 없어 일단 비류수 상류에 초막을 짓고 머물면서 나라 이름을 '고구려'라고 지었다. 그리고 자신의 성도 고씨로 새로 정했다. 이때 주몽의 나이 열두 살이었다.

깊이 생각해보기
주몽신화와 단군신화의 공통점과 차이점은 뭘까?

주몽과 단군은 하늘의 자손이라는 공통점이 있어요. 반면, 주몽은 물의 신 하백의 외손자라는 점에서 단군과 달라요. 즉 고구려가 고조선의 전통을 이어받기는 했으나, 주몽의 물 다스리는 능력으로 인해 고조선보다 강력한 농경사회를 이루었다는 걸 알 수 있어요.

백제를 세운 온조

온조왕의 아버지 주몽은 동부여에서 자신을 시기하는 무리를 피해 졸본부여로 왔다.

졸본부여의 왕은 주몽을 반갑게 맞아주었다. 그리고 주몽의 용맹함과 예사롭지 않은 기운을 알아차리고 사위로 삼을 생각이었다.

졸본부여의 왕에게는 딸이 셋 있었다. 왕은 딸들 가운데 둘째를 주몽과 혼인시켰다. 그리고 얼마 지나지 않아 졸본부여의 왕은 세상을 떠났다. 뒤를 이어 주몽이 졸본부여의 왕이 되었다.

주몽은 졸본부여를 기틀로 삼아 '고구려'라는 나라를 세웠다.

시간이 흘러 주몽은 두 아들을 낳았다. 큰아들은 '비류'이고, 둘째아들은 '온조'였다. 비류와 온조는 언제나 사이가 좋았다.

한편, 주몽에게는 '유리'라는 아들이 한 명 더 있었다. 주몽은 동부여에서 혼인을 했었다. 시기하는 무리를 피해 도망칠 때 그의 아내 뱃속에 아이가 있었던 것이다. 그 아이가 바로 맏아들 유리이다.

어느 날, 동부여에 살던 유리가 주몽을 찾아왔다.

"오호, 참으로 늠름하게 자랐구나."

주몽은 맏아들 유리를 반갑게 맞이했고, 자신의 뒤를 이을 태자로 삼았다. 그때부터 비류와 온조는 눈치가 보였다.

"유리 형님이 왕이 되면 우리가 걸림돌이 될지도 몰라."

"맞아요. 차라리 우리가 여길 떠나는 게 낫지 않을까요?"

"글쎄……."

비류와 온조는 날마다 머리를 맞대고 의논했다. 그러던 중 주몽이 세상을 떠났다.

"유리 형님이 마음껏 나라를 다스릴 수 있도록 해 드리자."

"그래요, 형님. 우린 남쪽으로 떠나는 게 좋겠어요."

비류와 온조는 어머니와 함께 자신들을 따르는 신하 십여 명을 이끌고 남쪽으로 떠났다. 남쪽으로 내려가는 동안 많은 백성이 비류와 온조를 따랐다. 수많은 사람과 함께 산을 넘고 물을 건너 도착한 곳은 '한산'이었다.

비류와 온조는 신하들을 거느리고 부아악 지금의 북한산 이라는 높은 산에 올라갔다. 백성들과 함께 편안하게 살 수 있는 땅이 있는지 살펴보기 위해서였다.

그때 한 신하가 말했다.

"하남 땅은 북쪽으로 큰 강이 흐르고 동쪽으로 높은 산이 바람을 막아 주어 살기에 좋을 듯합니다."

"게다가 서쪽은 큰 바다로 막혀 있고, 남쪽은 기름진 땅이 펼쳐지니 하늘이 내린 좋은 땅이 틀림없습니다. 이곳에 도읍을 세우시지요?"

하지만 비류는 썩 내키는 표정이 아니었다.

"난 산으로 막혀 있는 곳보다 탁 트인 바닷가가 더 좋을 것 같소. 바다를 보면서 살면 백성들 마음도 넉넉하지 않을까?"

"형님, 우선 이곳에 자리를 잡고 나중에 바닷가로 땅을 넓히는 건 어떨까요?"

온조는 바닷가보다 산과 강이 있는 이곳이 더 마음에 들었다.

"할 수 없구나. 넌 여기에 터를 잡고, 난 바닷가에 가서 터를 잡는 수밖에."

비류는 자신을 따르는 백성들을 데리고 길을 떠나 '미추홀'에 다다랐다.

"드넓은 바다를 보니 걱정이 모두 사라지는군."

비류는 미추홀에 자리를 잡고 백성을 다스렸다. 그런데 얼마 가지 못해 백성들의 원망이 쌓이기 시작했다. 물이 짜서 농사를 지을 수 없을 뿐더러, 마실 물마저 부족해 백성들끼리 다투는 일이 늘었던 것이다.

비류는 백성들의 괴로움을 잘 알기에 고민에 빠졌다. 하는 수없이 온조를 찾아가 도와달라고 부탁했다.

온조는 하남 위례성에 나라를 세운 터였다. 나라 이름은 '십제'였다. 십제는 산과 강이 어우러져 있어 아늑하고 적의 공격으로부터 안전했다. 땅도 기름져 농사가 잘 되었고, 백성들은 아무런 근심이 없었다.

비류가 찾아오자 온조는 걱정이 앞섰다. 나라가 안정되어 가고 있는데 형이 찾아왔으니 왕의 자리를 내놓아야 할 것 같아서였다. 온조는 모질게 마음을 먹고 비류를 받아주지 않았다.

미추홀로 돌아온 비류는 마음의 병을 얻었다. 그때부터 시름시름 앓다가 결국 세상을 떠나고 말았다. 비류를 잃은 백성들은 모두 온조가 다스리는 십제로 옮겨갔다. 비류의 백성들을 받아들인 온조는 얼마 뒤 나라 이름을 '백제'로 바꾸었다. 백제는 온조가 처음 위례성으로 올 때 백성들이 기꺼이 따랐다는 뜻이다.

온조왕은 덕과 지혜로 나라를 다스렸다. 성을 쌓아 적들을 막고, 때론 이웃나라를 공격해 땅을 넓히기도 했다. 백성들의 농사가 잘 되기를 바라는 마음으로 매번 하늘과 땅에 정성들여 제사도 지냈다. 왕의 정성에 백성들은 더욱 더 감사하고 충성했다. 백제는 나날이 커졌고, 백성들은 편안하게 잘 먹고 잘살았다.

평화롭게 나라를 다스리던 온조왕은 왕위에 오른 지 46년 만에 세상을 떠났다.

깊이 생각해보기

비류가 세운 나라는 왜 금세 망하고 말았을까?

비류가 선택한 '미추홀'은 지금의 인천 지역이다. 바다가 한눈에 보이고 물고기를 잡아먹을 수는 있었지만, 물이 너무 짜서 농사를 지을 수 없고 마실 물조차 부족했다. 농사를 지을 수 없으니 백성들이 살기가 어려워져 하나 둘 떠나고 결국 망하게 된 것이다.

신라를 세운 박혁거세와 알영

아주 먼 옛날, 한반도 남쪽에 '삼한'이라고 부르는 마한·진한·변한이 있었다. 이 가운데 변한 땅에는 여섯 개의 고을이 있었다. 알천 양산촌, 돌산 고허촌, 무산 대수촌, 취산 진지촌, 금산 가리촌, 명활산 고야촌이었다.

각 고을은 하늘에서 내려온 여섯 명의 촌장이 다스렸다. 알천 양산촌은 '알평', 돌산 고허촌은 '소벌도리', 무산 대수촌은 '구례마', 취산 진지촌은 '지백호', 금산 가리촌은 '지타', 명활산 고야촌은 '호진'이 다스린 것이다.

여섯 고을의 촌장들은 자주 알천 언덕에 모여 고을의 일을 의논했다.

"요즘 백성들이 제멋대로 방자해지고 있습니다. 우리 여섯 고을을 하나로 모아 나라를 세우고, 덕이 많은 분을 임금으로 모셔 백성을 다스리도록 하는 게 어떻습니까?"

"거 참 좋은 생각입니다."

나라를 세우고 임금을 모시자는 의견에 다들 찬성이었다. 여섯 촌장은 도읍으로 적당한 장소를 알아보기 위해 높은 곳으로 올라갔다. 그때 하늘에서 이상한 빛이 번개처럼 내려오더니, 양산 밑에 있는 '나정'이라는 우물 쪽에 꽂혔다.

"저, 저건 흰 말이잖아!"

빛이 내리비치는 곳에 하얀 말 한 마리가 꿇어앉아 절을 하고 있었다.

"말이 왜 저렇게 앉아 있을까요?"

"그러게 말입니다. 내려가 살펴봅시다."

촌장들은 급히 우물가로 내려갔다. 그때 말이 푸르르 코를 불더니 하늘로 올라가 버렸다. 말이 꿇어앉았던 곳에는 자줏빛이 나는 커다란 알이 하나 있었다.

"혹시 하얀 말이 이 알을 낳은 걸까요?"

"말이 알을 낳다니 이상한 일도 다 있네."

"혹시 이 알은 하늘이 준 선물이 아닐까요?"

"선물이라, 그렇다면 이 알 속에 무엇이 들어 있으려나?"

촌장들은 저마다 한 마디씩 했다.

"알을 깨어보는 게 어떨까요?"

촌장들은 나이가 가장 많은 촌장을 바라보았다. 나이 많은 촌장이 조심스레 알을 두드리자 쩍 하는 소리와 함께 웬 사내아이가 나왔다.

"세상에나!"

다들 놀라 뒤로 물러섰다.

"이 아기는 장차 나라의 왕으로 모시라고 하늘이 주신 게 틀림없소."

"어서 아기를 깨끗한 물로 목욕시킵시다."

촌장들은 아기를 안고 동천이라는 샘으로 가서 목욕을 시켰다. 아기의 몸에서 눈부신 빛이 났다. 주위로 온갖 새와 짐승들이 모여들었다. 새들은 노래를 불렀고, 짐승들은 덩실덩실 춤을 추었다. 땅이 크게 흔들리고 해와 달이 더욱 빛을 내며 온 누리를 비추었다.

여섯 촌장은 아이에게 이름을 지어 주었다. 세상에 나올 때 해와 달이 밝게 비춘 것처럼 앞으로 세상을 밝게 다스리라는 뜻의 '혁거세'였다.

한편, 혁거세가 알에서 태어나던 날 다른 곳에서도 이상한 일이 벌어졌다. 사량리 마을에 있는 '알영정'이라는 우물가에 닭 모양의 용이 나타나 왼쪽 갈비뼈 사이로 여자 아기를 낳았던 것이다.

"예쁘기도 하지."

"그런데 입술이 왜 닭의 부리를 닮았을까?"

마을 사람들은 한 마디씩 하며 아기를 월성 북쪽 냇물로 데려가 목욕을 시켰다. 그러자 입술에 달려 있던 부리가 똑 떨어져 나갔다.

이 소문은 여섯 촌장에게 전해졌다.

"한날한시에 그런 일이 벌어지다니. 이는 필시……."

"그 아기야말로 왕비감이 아닐까요?"

"하늘이 정해준 운명이 틀림없소."

"어서 가서 모셔옵시다."

촌장들은 사량리로 달려가 여자 아기를 데려왔다.

여섯 고을의 백성들은 너나없이 혁거세와 왕비가 될 아기를 정성껏

보살폈다. 그리고 박 같은 알에서 태어났다고 하여 혁거세의 성을 '박'으로 정했고, 알영정 우물가에서 태어난 여자아기의 이름은 '알영'이라 지었다.

　박혁거세와 알영은 어느덧 열세 살이 되었다. 촌장들은 박혁거세를 임금으로, 알영을 왕비로 모시고 나라를 세웠다. 나라의 이름은 '서라벌'로 정했다. 이 서라벌이란 이름은 훗날 신라로 고쳐 불렀다.

　왕이 된 박혁거세는 알영과 함께 나라를 잘 다스렸다.

　박혁거세가 왕이 된 지 61년의 어느 날, 임금은 갑자기 하늘로 올라가 버렸다. 그런데 7일 만에 임금의 몸뚱이가 다섯 동강이 나 땅으로 흩어져 떨어졌다. 그러자 알영 왕비도 세상을 떠났다.

　백성들은 박혁거세 임금의 다섯 동강 난 몸을 모아 장사지내려 했다. 그런데 어쩐 일인지 큰 뱀이 나타나 쫓아다니면서 방해를 놓았다. 하는 수없이 백성들은 시체를 다섯으로 나누어 각각 장사를 지냈다. 다섯 개의 무덤은 '오릉' 또는 뱀 '사' 자를 붙여 '사릉'이라 불렀다.

깊이 생각해보기

신화 속 왕들은 왜 다들 신비하게 태어날까?

옛날에는 왕이 될 수 있는 사람은 하늘에서 선택해 내려준다고 믿었어요. 그런 왕만이 모든 어려움을 물리치고 나라를 잘 다스릴 수 있다고 생각했지요. 그래서 신화 속 왕들은 신비한 출생부터가 하늘의 뜻이고, 일반 사람과 다르다는 것을 강조했던 거예요.

가야를 세운
김수로왕

아주 먼 옛날, 남쪽 바닷가에 아홉 개의 고을이 있었다. 임금도 신하도 없이 아홉 고을의 촌장들은 각자 자기 고을 백성들을 돌보며 살았다. 사람들은 들에 나가 농사를 짓거나 바다에 나가 고기를 잡아먹었다.

어느 해 봄, 하늘에 제사를 드리는 날이었다. 아홉 고을 촌장과 백성들이 모두 모여 제사를 지내려는데, 거북 모양을 닮은 '구지봉'에서 이상한 소리가 들렸다.

"이게 무슨 소리지?"

"글쎄, 처음 듣는 소린데? 한번 가 봅시다."

사람들은 소리가 들리는 쪽으로 올라갔다. 구지봉 꼭대기를 향해 올라가는데 어디선가 하늘과 땅을 뒤흔드는 우렁찬 소리가 들려왔다.

"거기에 누가 있느냐?"

그 소리에 촌장들은 모두 엎드려 똑같이 대답했다.

"예, 저희가 여기 모여 있나이다."

"여기가 어디더냐?"

"구지봉입니다."

소리가 물을 때마다 촌장들의 입에서 저절로 대답이 흘러나왔다.

다시 우렁우렁한 소리가 들려왔다.

"하늘이 내게 이 땅에 나라를 세우라고 하셨다. 너희는 지금 가장 높은 산봉우리로 올라가서 두 손으로 흙을 파며 노래를 불러라. 그리고 노랫소리에 맞춰 춤을 추어라. 곧 너희의 왕을 맞이하게 될 것이다."

"예, 그리하겠나이다."

촌장들과 사람들은 구지봉 꼭대기로 올라갔다. 소리가 시킨 대로 흙을 파면서 다함께 어울려 노래도 부르고 춤도 추었다.

거북아, 거북아,
네 목을 내어 놓아라.
만약 내놓지 않으면
불에 구워 먹으리라.

한바탕 노래와 춤이 끝나자 주위가 조용해졌다. 그때 하늘에서 자줏빛 밧줄에 비단 보퉁이가 묶여 내려왔다. 촌장들은 보퉁이를 풀었다.

"황금 상자잖아!"

다들 눈이 휘둥그레졌다. 가장 나이가 많은 아도 촌장이 조심조심 황금 상자를 열었다.

"오, 세상에! 황금 알이 여섯 개나 들어 있잖아!"

다들 놀라서 아무 말도 하지 못했다.

"이건 하늘이 우리에게 주신 귀한 선물이오. 자, 모두 엎드려 절을 올립시다."

아도 촌장의 말에 다들 절을 올렸다.

의논 끝에 여섯 개의 황금 알을 상자에 담아 아도 촌장의 집으로 옮겼다.

이튿날 아침 황금 알 여섯 개가 차례로 갈라지며 사내아이들이 나왔다. 아도 촌장은 첫째를 가장 먼저 태어났다 하여 '머리 수' 자를 써서 '수로'라고 이름 지었다. 성씨는 황금 상자와 황금 알에서 나왔다고 하여 '김'씨로 정했다.

수로를 비롯한 나머지 아기들은 하루가 다르게 쑥쑥 자랐다. 태어난 지 열흘이 되자 다들 키가 아홉 척이나 되었고, 얼굴은 용 같으며, 눈썹은 여덟 가지 빛깔에, 눈동자는 겹으로 되어 매우 아름다웠다.

보름이 되자 아홉 명의 촌장은 김수로를 왕으로 모시기로 했다. 그리고 나라 이름은 '크다'는 뜻의 '대가야'로 정했다. 이후 나머지 형제들은 제각기 다른 지방으로 가서 나라를 세웠다.

수로왕이 다스리는 대가야와 동생들이 세운 다섯 가야를 합쳐 6가야

라고 부르게 되었다.

　김수로왕이 나라를 다스린 지 2년째 되던 해 정월에 '신답평 경남 김해 평야 지역'
을 도읍으로 정했다. 그리고 길일을 택해 궁궐도 새로 지었다.

　어느 날 신하들이 왕에게 아뢰었다.

　"폐하, 이제 나라도 안정되고 백성들도 편안히 살고 있으니 왕비마마를 맞으시지요?"

　"우리 대가야가 하늘의 뜻에 따라 세워진 것처럼, 왕비도 하늘의 뜻에 따라 맞을 것이니 염려치 말라."

　수로왕은 왕비 맞는 일을 서두르지 않았다.

　그러던 어느 날, 수로왕이 망산도에 가서 멀리 바다를 굽어보는데 웬 배 한 척이 떠왔다. 그 배는 붉은 빛의 돛을 달고 붉은 기를 휘날리고 있었다. 배 안에는 아리따운 여인과 스무 명이 넘는 노비들이 타고 있었다. 갖가지 비단에 옷, 금과 은, 희귀한 보석도 가득했다.

　수로왕은 몸소 나가 예를 갖추어 물었다.

"어디서 오신 뉘신지요?"

"저는 아유타국의 공주로 성은 허씨요, 이름은 황옥이라 하옵니다. 제 아바마마가 꿈을 꾸셨는데 하늘님께서 '가락국 왕 수로는 하늘이 보낸 왕이니, 공주를 보내어 짝을 삼게 하라.' 하고 하늘로 올라가셨다 하였습니다."

이 말을 들은 수로왕은 하늘의 뜻에 따라 허황옥을 왕비로 맞이했다. 수로왕은 나랏일을 늘 왕비와 의논하여 백성들이 잘살 수 있도록 했다.

깊이 생각해보기 — 왕비 허황옥이 왔다는 아유타국은 어디일까?

아유타국은 인도로 추측해요. 허황옥이 가야로 올 때 파도를 잠재우기 위해 '파사 석탑'을 가져왔다고 하는데, 파사 석탑은 인도나 중국에서만 볼 수 있어요. 그리고 수로왕릉의 정문에 물고기 두 마리가 마주보고 있는 문양은 인도의 힌두교 사원에서 볼 수 있는 것이에요. '가야'라는 말은 인도 어로 물고기를 뜻한답니다.

서동과 선화공주

신라 26대 진평왕 때의 일이다.

"마 사려! 몸에 좋은 마 사려! 노래를 잘하면 거저 주기도 합니다!"

서동은 이 동네 저 동네를 다니며 외쳤다. 그 소리를 듣고 아이들이 우르르 몰려나왔다.

"정말로 노래를 잘하면 마를 거저 주나요?"

아이들은 공짜 마를 얻어먹으려고 저마다 노랫가락을 뽑아댔다. 서동은 아이들에게 마 한 쪽씩을 나누어 주었다. 아이들은 게 눈 감추듯이 먹어 치웠다.

"얘들아, 내가 노래 하나 가르쳐 줄까?"

"무슨 노래요?"

아이들이 궁금한 눈빛으로 바라보자 서동이 노래를 부르기 시작했다.

선화공주님은
몰래몰래 밤마다

살그머니 정을 통하여
서동님을 안고 사랑을 한대요.

"우와, 재밌다. 내가 한번 불러 볼게요."
한 아이가 노래를 금세 따라했다. 서동은 아이에게 마를 한 쪽 더 주었다. 그러자 다른 아이들도 다투어 노래를 불렀다. 서동과 아이들은 계속해서 노래를 불렀다.

서동이 다녀간 뒤로 마을에는 희한한 일이 벌어졌다. 아이들이 노는 곳에 가면 으레 낯간지러운 노랫소리가 들린 것이다.

"에구머니, 망측해라. 당장 그만두지 못해!"
아낙들은 아이들을 혼내놓고 저희끼리 쑥덕거렸다.

"민망해서 애들을 혼내긴 했는데, 이상하게 그 노래가 내 입에서 절로 나오지 뭐야."

"호호호, 나도 그래요."
노래는 이윽고 궁궐까지 퍼졌다. 대신들은 고개를 절레절레 흔들며 고민에 빠졌다.

"보기에는 공주님이 아주 얌전하시던데, 실제 행실은 안 그런가 봅니다."

"누가 아니랍니까. 대체 이 일을 어쩌지요?"

의논 끝에 대신들은 진평왕에게 소문을 알렸다.

"폐하, 온 나라에 그 노래를 모르는 이가 없다고 합니다."

대신들은 어찌할 바를 몰라 머리를 조아렸다.

"뭣이? 우리 선화가 한밤중에 서동이란 놈을 껴안고 다닌다고? 이런 망측한지고!"

진평왕은 끓어오르는 화를 참지 못해 선화공주를 내쫓았다.

공주는 허름한 옷에 작은 보퉁이 하나를 들고 거리를 헤맸다. 그때 한 젊은이가 다가와 친절하게 말했다

"공주님, 제가 편히 모시겠습니다."

젊은이는 공주를 자기 집으로 데려가 정성껏 받들었다.

그 정성은 날이 가고 해가 가도 변함이 없었다. 어느새 공주의 마음에 사랑이 싹텄다.

"이런 분과 살면 가난해도 평생 행복할 것 같아."

한집에 살면서 차츰 정이 든 공주는 결국 젊은이와 결혼을 했다. 그날 밤, 젊은이는 공주에게 고백을 했다.

"공주님, 저를 용서해 주세요. 실은 제가 서동입니다. 공주님을 멀리서 보고 첫눈에 반해 노래를 지어 퍼뜨렸습니다."

서동은 모든 비밀을 밝혔다. 그리고 자신이 백제 사람이라는 것도 털어놓았다.

"날 용서해 준다면 궁궐에서처럼 호강은 못 시켜 줘도 평생 행복하게 해 주겠습니다."

"저는 지금도 충분히 행복한걸요."

서동의 손을 잡고 있던 공주는 갑자기 생각난 것이 있다며 보퉁이를 풀었다.

"서방님, 이 보물을 팔면 지금보다 형편이 나아질 거예요."

공주가 꺼낸 것은 누런 돌덩이였다. 그걸 본 서동은 눈을 크게 뜨고 물었다.

"이게 보물이라고요? 내가 마를 캐는 곳에 가면 이런 게 널렸습니다. 마를 캘 때마다 나와서 한쪽에 쌓아두었는걸요."

"거기가 어딘가요? 같이 가 봐요."

서동을 따라 백제로 간 공주는 수북이 쌓여 있는 금을 보고 놀랐다.

"서방님, 이 금덩이를 저희 부모님께도 보내드리고 싶어요."

"그럽시다. 용화산 사자사에 계시는 지명 법사께 부탁하면 가능할 겁니다."

지명 법사는 신통을 부려 금덩이와 공주가 쓴 편지를 신라의 궁궐로 보냈다. 진평왕은 기이하게 여기며 이후 서동과 공주에게 늘 편지를 보내 안부를 물었다.

서동은 남은 금덩이를 팔아 백제 사람들을 위해 썼다.

"고맙기도 하지. 아픈 이에겐 약초를 구해다 주고, 배고픈 이에겐 먹을 것을 주니 말이야."

"세상에 서동 같은 분이 또 있을까? 이런 분이 우리를 다스리면 얼마나 좋을까?"

마침내 사람들은 서동을 백제의 왕으로 모셨다. 백제의 30대 무왕이 된 것이다. 서동이 왕관을 쓰던 날, 그 옆에는 어여쁜 선화공주가 왕비 옷을 입고 환히 웃고 있었다.

깊이 생각해보기 — 백제 무왕의 부인은 정말로 선화공주일까?

《삼국유사》에 실린 서동요 설화에는 신라 진평왕의 딸 선화공주가 미륵사를 세웠다고 나와요. 그런데 2009년에 미륵사지석탑을 보수하는 과정에서 '금제사리봉안기'가 발견되었는데, 거기에 '미륵사를 세운 사람은 무왕의 부인으로, 백제의 귀족인 사택적덕 집안의 딸'이라고 새겨 있어요. 서동요 설화의 진실을 알기 위해서는 더 많은 연구가 필요하답니다.

황금 궤짝에서 나온 김알지

 신라의 4대 석탈해왕이 나라를 다스리던 때의 일이다.
 어느 날 밤, 월성에 사는 호공이라는 사람이 서쪽 마을을 지나다가 숲에서 새어 나오는 빛을 보았다. 걸음을 옮겨 다가갈수록 빛은 더욱 강해졌다. 호공은 눈을 뜰 수가 없었다. 그때 주위에 이상한 기운이 감도는 게 느껴졌다. 호공은 살그머니 눈을 떠보았다.
 "아니, 이럴 수가!"
 주위가 온통 하늘에서 내려온 자줏빛 구름으로 뒤덮여 있고, 구름 사이로 보이는 나뭇가지에 황금 궤짝 하나가 걸려 있었다.
 환하고 강한 빛은 황금 궤짝에서 나오고 있었다. 호공이 궤짝 가까이에 다가가려는 순간, 우렁찬 닭 울음소리가 울렸다.
 "꼬끼오!"
 자세히 보니 나무 밑에 흰 닭이 있었다. 호공은 다시 한 번 궤짝으로 다가가기 위해 걸음을 옮겼다. 이번에는 흰 닭이 홰를 치며 여러 번 울어댔다.

"꼬끼오, 꼬꼬! 꼬끼오! 꼬끼오!"

닭은 마치 황금 궤짝에 다가서지 말라는 경고라도 보내는 듯했다.

'황금 궤짝과 흰 닭이라, 이건 예삿일이 아니야.'

호공은 그 길로 탈해왕에게 달려갔다.

"폐하, 시림 숲에 번쩍이는 황금 궤짝이 있사온데 흰 닭이 아무도 만지지 못하게 지키고 있나이다."

이야기를 듣고 난 탈해왕이 말했다.

"닭이 지키고 있는 황금 궤짝이라……. 내가 직접 가 봐야겠구나."

탈해왕은 호공과 함께 신하들을 거느리고 시림으로 향했다.

"오호, 과연 그렇군."

왕은 입을 다물지 못했다. 자줏빛 구름 사이로 황금 궤짝이 보이고, 그 곁에서 흰 닭이 계속해서 울어대고 있는 게 아닌가!

왕뿐만 아니라 호공과 신하들은 한참 동안 아무 말도 못했다.

탈해왕이 조심스레 황금 궤짝 곁으로 한 걸음을 떼었다. 그러자 주위를 둘러싸고 있던 자줏빛 구름이 걷혔다. 그와 동시에 흰 닭도 울음을 그쳤다.

탈해왕은 두 손을 높이 들어 하늘에 대고 외쳤다.

"하늘이시여, 제가 궤짝을 열겠나이다!"

탈해왕이 높이 들었던 손을 내려 황금 궤짝에 대었다. 그러자 궤짝 뚜껑이 스르르 열리며 그 속에서 아기의 울음소리가 터져 나왔다.

"으앙, 으아앙!"

늠름한 사내아이였다.

"세상에!"

탈해왕과 눈이 마주친 아이는 울음을 뚝 그쳤다. 그러더니 벌떡 일어나 앉았다. 놀란 신하들은 그 자리에 모두 꿇어 엎드렸다.

탈해왕이 아이를 번쩍 들어올렸다.

"너는 하늘이 주신 귀한 아이가 틀림없구나. 하늘의 뜻을 받들어 훌륭히 키우리라."

탈해왕의 얼굴에서 웃음이 떠나지 않았다.

사실 탈해왕은 결혼한 지 몇 년이 지났는데도 자식이 없었다. 그런데 하늘에서 아이를 내려주었으니 어찌 기쁘지 않았겠는가! 왕은 아이를 자식처럼 키우기로 마음먹었다.

"지금부터 너를 '알지'라고 부르마."

탈해왕은 아이 이름을 어린아이라는 뜻의 '알지'라 짓고, 황금 궤짝에서 나왔다 하여 '금'을 뜻하는 '김' 씨로 성을 삼아주었다. 이리하여 김알지는 신라의 첫 번째 김씨가 되었다.

"궁궐로 돌아가자꾸나."

탈해왕은 직접 아이를 안고 걸었다. 그 뒤를 신하들과 짐승들이 따르며 덩실덩실 춤을 추었다.

왕은 김알지를 친자식처럼 지극 정성으로 키웠

다. 알지는 자랄수록 총명하고 지혜로웠다.

어느 날 탈해왕이 신하들을 불러 모아 말했다.

"알지를 태자로 삼을 것이다. 알지가 태어난 것을 흰 닭이 알렸으니, 이제부터 시림 숲을 '계림'이라 부르고 우리나라 이름도 '계림'이라 하여라."

이리하여 신라는 '계림'으로 불리게 되었다.

세월이 흘러 탈해왕은 늙고 병이 들어 자리에 누웠다.

"알지야, 이제 나는 명을 다한 것 같구나. 내 뒤를 이어 계림을 다스리도록 해라."

"폐하, 저는 이미 폐하의 은혜를 입어 호강하고 있습니다. 더 이상 바랄 게 없으니 명을 거두어 주십시오."

김알지는 신라의 3대 왕인 유리왕의 아들 파사 왕자에게 왕의 자리를 양보했다.

그 뒤 김알지는 '열한'이라는 아들을 낳았다. 열한은 '아도'를 낳고, 아도는 '수류'를 낳고, 수류는 '욱부'를 낳고, 욱부는 '구도'를 낳고, 구도는 '미추'를 낳았다. 마침내 김알지의 7대 자손인 미추가 자라서 신라의 13대 미추왕이 되었다.

미추왕 때부터 신라는 박씨, 석씨, 김씨가 번갈아 가며 왕이 되어 나라를 다스렸다. 신라의 왕들은 김알지가 태어난 계림을 신성한 곳으로 여기며 정성껏 가꾸고 잘 지켰다.

깊이 생각해보기 — 신라는 왜 이름이 자주 바뀌었을까?

신라는 '서라벌, 사라, 사로, 계림' 등으로 불렸어요. 그중 계림은 김알지와 관련된 장소이지요. 초기의 신라는 나라의 힘이 강하지 못해 다스리는 왕마다 이름을 바꾸어 부르고는 했어요. '신라'라는 이름은 나라를 세운 지 560여 년이 지난 지증왕 때부터 사용했답니다.

댓잎 군사와 미추왕

신라의 13대 미추왕은 김알지의 7대 자손이다.

미추왕은 11대 조분왕의 사위가 되었다가 왕위에 오른 뒤, 백성들이 농사를 잘 짓도록 돕고 어진 정치를 펼쳤다. 그리고 왕위에 오른 지 23년 만에 세상을 떠났다.

"폐하, 저희는 어찌하라고 떠나셨습니까?"

모든 백성이 미추왕의 죽음을 슬퍼했다. 미추왕의 무덤은 흥륜사 동쪽에 자리 잡았다. 미추왕의 뒤를 이어 유례왕이 14대 왕이 되었다. 유례왕이 나라를 다스릴 때 크고 작은 전쟁이 자주 일어났다.

어느 날 갑자기 이웃나라 이서국이 쳐들어왔을 때의 일이다.

"이제 신라는 우리 것이다!"

"쳐부숴라!"

이서국의 군사들은 신라를 집어삼킬 듯이 공격했다. 갑작스런 침략에 신라는 손쓸 겨를이 없었다. 이대로 가다가는 궁궐까지 빼앗길 처지였다.

"도저히 안 되겠구나. 모두 나를 따르라!"

유례왕은 직접 군사를 이끌고 전쟁터로 나갔다. 그런데 적과 맞서 싸우기에는 군사가 너무 적고 무기도 턱없이 모자랐다. 적의 창과 칼에 신라군은 힘없이 쓰러졌다. 남은 군사들은 겁을 먹고 벌벌 떨었다.

왕도 더는 버틸 힘이 없었다.

"모두 후퇴하라!"

왕이 피눈물을 흘리며 말머리를 돌리려는 순간이었다.

"도망치지 말고 공격하라! 적을 막아라!"

"신라를 지켜라!"

어디서 나타났는지 떼 지어 몰려온 군사들이 함성을 지르며 신라군을 돕기 시작했다.

"오랑캐 놈들아, 우리의 칼을 받아라!"

"너희에게 호락호락 넘어갈 신라가 아니다!"

낯선 군사들은 이서국 군사에 맞서 창과 칼을 휘두르고 불화살을 날렸다.

"이게 웬 마른하늘의 날벼락이람?"

뜻밖의 공격을 받은 이서국 군사들은 정신을 차리지 못하고 갈팡질팡했다. 힘을 얻은 유례왕과 신라군은 다시 적에게 맞서 싸웠다.

유례왕은 적과 싸우면서 낯선 군사들을 흘깃 보았다. 낯선 군사들은 한결같이 귀에 대나무 잎을 꽂고 있었다.

'이상도 하지. 다들 왜 귀에 대나무 잎을 꽂고 있는 걸까?'

이러한 생각은 왕뿐만 아니라 신라의 군사들도 저마다 하고 있었다.

"거참, 대나무 잎을 꽂은 군사들의 정체가 뭐지?"

"그러게 말이야."

신라군은 마치 도깨비한테 홀린 것만 같았다. 싸움은 이제 신라 쪽에 유리하게 돌아갔다.

더 이상 버틸 수 없게 된 이서국 군사들은 점점 뒷걸음질을 쳤다.

"이러다간 뼈도 못 추리겠어. 도망가자!"

이서국 군사들이 줄행랑을 치자 신라군은 기쁨에 들떠 만세를 불렀다.

"만세! 우리가 이겼다!"

"신라 만세!"

그러다가 군사들은 하나같이 주위를 둘러보며 의아해했다.

"방금 전까지 있던 군사들이 안 보이네?"

"그러게. 다들 어디로 갔지?"

귀에 대나무 잎을 꽂고 신라를 돕던 군사들이 단 한 명도 보이지 않았다.

"하늘로 솟았나, 땅으로 꺼졌나?"

여기저기 찾아보았지만 댓잎 군사들은 흔적조차 없었다.

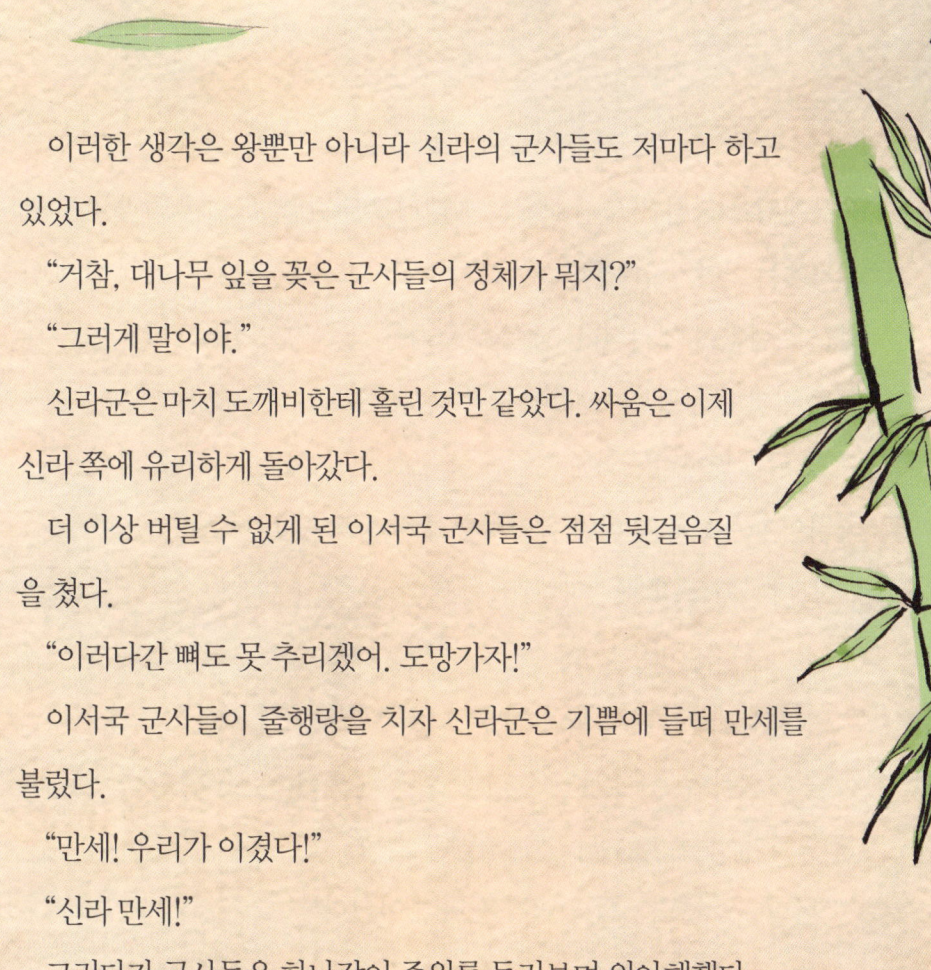

유례왕과 군사들은 이상히 여기며 궁궐로 향했다. 가는 길목에 있는 미추왕릉을 지날 때였다.

"앗! 대나무 잎이다!"

미추왕릉 앞에 대나무 잎이 수북하게 쌓여 있었다. 그제야 왕은 무릎을 탁 쳤다.

"돌아가신 미추왕께서 댓잎 군사를 보내 우리를 구해 주신 게로구나!"

유례왕은 말에서 내려 미추왕릉을 향해 크게 절을 올렸다.

"미추대왕 만세! 만만세!"

군사들도 넙죽 절을 올리며 감격의 눈물을 흘렸다.

"이제부터 미추왕릉을 '죽현릉'이라 부를 것이다."

죽현릉은 대나무 잎을 귀에 꽂은 군사를 보내어 나라를 구한 능이라는 뜻이다.

깊이 생각해보기 — 미추왕은 죽어서도 신라를 지켰을까?

신라 36대 혜공왕 때 김유신의 무덤에서 회오리바람이 일더니 무장한 군사들이 나왔어요. 그들이 죽현릉으로 들어간 뒤 무덤 안에서 김유신과 미추왕의 대화가 흘러나왔어요. 김유신은 얼마 전 자신의 자손이 죄 없이 죽임을 당한 것을 억울해 하며 신라를 떠나겠다고 했어요. 미추왕은 김유신에게 앞으로도 신라를 굳건히 지켜달라며 부탁했어요. 이 소식을 들은 혜공왕은 김유신의 묘에 명복을 비는 제사를 올려 혼령을 달랬어요. 이처럼 미추왕은 죽어서도 댓잎 군사를 보내고, 김유신의 혼령을 설득해 신라를 지키고자 했답니다.

2장

불교를 전한 승려들과 기이한 이야기

흰 피를 흘리며 죽어간 이차돈

 신라에 불교를 전해준 것은 고구려의 승려 묵호자였다. 그런데 신라 사람들은 불교를 쉽게 받아들이려 하지 않았다. 그로부터 70여 년이 지나고, 신라 23대 법흥왕 때의 일이다.
 하루는 법흥왕이 신하들에게 말했다.
 "우리 신라를 더 살기 좋은 나라로 만들려면 불교를 받아들여야 하오. 그러니 곳곳에 절을 짓고, 부처님을 모시도록 합시다."
 그러나 신하들은 대부분 반대하고 나섰다.
 "지금까지 신라는 조상신의 은덕으로 이만큼 커졌습니다. 어찌하여 그런 조상신을 버리고 부처를 섬기라 하십니까?"
 끝내 법흥왕의 뜻은 받아들여지지 않았다.
 "아, 내가 덕이 부족한가 보군. 위로는 하늘의 뜻을 따르고, 아래로는 백성들을 편히 살도록 하기 위해 불교를 전하려는 것이건만……."
 왕의 고민을 헤아린 신하는 스물두 살의 이차돈뿐이었다. 대나무처럼 곧은 성품을 지닌 이차돈은 불교에 대한 믿음이 깊었다. 그는 왕의 뜻을 받들어 신라에 불교를 널리 전하고 싶었다.

어느 날 이차돈이 법흥왕 앞에 나아가 허리를 굽히고 말했다.

"폐하, 제가 들으니 옛날 사람들은 나무꾼에게도 좋은 의견을 구했다고 합니다. 큰 죄인 줄 알지만, 제가 한 말씀 올려도 되겠습니까?"

"오냐, 말해 보아라."

"나라를 위해 몸을 바치는 것은 신하의 절개이고, 폐하를 위해 목숨을 바치는 것은 백성의 도리입니다. 저는 백성의 도리를 다하고자 합니다. 절을 지으라는 명령을 어긴 죄를 제게 씌워 목을 베십시오. 그러면 앞으로 누구도 폐하의 뜻을 거스르지 못할 것입니다."

"그런 소리 말아라. 내가 불교를 전하려는 뜻은 사람을 이롭게 하기 위함이거늘, 어찌 죄 없는 너를 죽일 수 있단 말이냐?"

법흥왕은 이차돈을 크게 나무랐다. 그런데 이차돈은 조금 전보다 더 강하게 말했다.

"폐하, 생명을 버리는 일보다 더 어려운 일은 없습니다. 저 역시 죽는 것이 두렵습니다. 하지만 오늘 저녁에 죽어 내일 아침에 이 나라에 불교가 퍼진다면 죽어도 여한이 없습니다."

"정말 장하구나. 네 목숨을 바쳐 불교를 일으키려 하다니……."

결국, 왕은 이차돈의 뜻을 받아들이기로 했다.

왕은 신하들을 불러 모았다.

"불교를 받아들여 나라의 근본으로 삼고, 절을 지어 백성들이 그곳에서 복을 빌고 죄를 없애도록 할 것이오."

"안됩니다. 중들이 머리를 깎고 이상한 옷을 입고 거짓으로 사람을 속이고 있습니다. 이대로 두신다면 앞으로 이 나라에 큰일이 벌어질 것입니다."

"불교를 받아들이고 절을 세운다는 것은 당치도 않습니다."

마침내 법흥왕은 노여운 얼굴로 신하들을 크게 꾸짖었다.

"그대들은 어찌하여 이 나라가 잘살기 위한 길을 막으려만 하는 것이오? 내 명령을 따르지 않는 자는 누구도 용서치 않을 것이오."

조금 뒤 법흥왕은 미리 짜놓은 대로 이차돈을 불러 호통을 쳤다.

"네 이놈! 어찌하여 절을 지으라는 내 명령을 대신들에게 똑바로 전하지 않았느냐? 왕의 명령을 어긴 죗값을 받아라. 여봐라, 지금 당장 이차돈의 목을 베라!"

신하들은 엎드려 벌벌 떨었다. 밧줄에 꽁꽁 묶인 이차돈은 무릎을 꿇고 속으로 빌었다.

'이 땅에 부처님의 말씀을 전하고자 제 목숨을 바칩니다. 부디 왕께서 불교를 크게 일으키도록 해 주소서. 기적을 내려 백성들이 따르게 하소서.'

그 순간 번득이는 칼이 이차돈의 목을 단숨에 베었다. 바로 그때 신기한 일이 벌어졌다. 이차돈의 목에서 흰 젖과 같은 피가 나와 하늘 높이 치솟은 것이다. 온 세상이 캄캄해지면서 땅이 심하게 흔들렸다. 하늘에서는 꽃비가 흐드러지게 내렸다.

"이, 이럴 수가……."

모두가 두려움에 떨며 바닥에 납작 엎드렸다. 법흥왕은 두 손을 모아 합장했다.

이상한 일은 계속해서 일어났다. 샘물이 마르고, 멀쩡하던 나무가 저절로 꺾이고, 원숭이들이 떼 지어 울어댔다. 하늘과 땅과 모든 만물이 이차돈의 죽음을 슬퍼하는 것 같았다.

이차돈의 죽음을 지켜본 사람들은 이렇게 말했다.

"진나라 신하가 황제를 위해 다리 살점을 베어 먹인 일도 이차돈의 절개에 비할 수 없고, 위나라 신하가 황제를 위해 목숨 바친 일도 이차돈의 죽음에 견줄 수 없다. 왕의 뜻을 받들고 신라에 불교를 전해준 고구려 승려의 마음을 이루었으니 이차돈은 진정한 성인이다."

사람들은 이차돈을 기리며 북망산 서쪽 고개에 장사를 지내 주었다. 그리고 좋은 땅을 골라 '자추사'라는 절을 지어 명복을 빌었다.

이때부터 신라의 대신들과 백성들은 부처님의 말씀을 따르게 되었다. 신라의 왕실은 나라의 종교가 된 불교에 힘입어 더욱 굳건해졌다.

깊이 생각해보기

이차돈은 정말로 죽을 때 흰 피를 흘렸을까?

신라의 법흥왕은 불교를 바탕으로 나라의 틀을 세우고 왕의 힘을 강화시켰어요. 그 과정에서 반대 세력을 하나로 모으기 위해 본보기가 필요했지요. 이차돈을 처형한 거예요. 처형했을 때 이차돈의 목에서 흰 피는 솟지 않았어요. 순교를 신비화하기 위해 과장한 거예요.

독룡을 물리친
혜통

　신라의 혜통 스님이 중이 되기 전의 일이다.
　하루는 친구들과 개울가에서 놀고 있는데 무언가 찰박거리는 소리가 들렸다.
　"수달이다!"
　"입에 물고기를 물었어. 어서 잡자!"
　혜통과 아이들은 수달을 뒤쫓았다.
　"에잇!"
　한 아이가 던진 돌에 수달이 맞아 쓰러졌다. 아이들은 수달을 잡아 이리저리 굴리며 놀았다. 한참 후에 보니 수달의 몸이 축 늘어져 있었다.
　"죽었나 봐. 꼼짝도 안 해."
　아이들은 수달의 가죽을 벗겨 챙긴 뒤 뼈는 땅에 묻고 떠났다.
　그날 밤, 혜통은 죽은 수달이 자꾸 생각나 잠을 이룰 수가 없었다. 날이 밝자마자 일어나 수달을 묻어준 곳으로 가 보았다.
　'이상하네, 왜 뼈가 없지? 분명히 여기에 묻었는데…….'

그때 혜통의 눈에 붉은 핏자국이 보였다. 핏자국은 바위굴 안으로 이어졌다. 핏자국을 따라 간 혜통은 화들짝 놀랐다.

죽은 어미 수달의 뼈가 새끼 다섯 마리를 품에 안고 있었다.

'죽어서도 새끼를 잊지 못해 찾아왔구나. 함부로 살생을 하는 게 아니었어. 불법을 공부해서 평생 이 죄를 씻어야지.'

혜통은 그 즉시 스님이 되기로 결심했다. 불법을 공부하기 위해 당나라의 유명한 무외 삼장을 찾아갔다.

"저는 신라에서 온 혜통이라 합니다. 스님의 제자가 되고 싶습니다."

"으흠! 신라 촌뜨기가 어려운 불도를 닦을 수 있겠느냐? 괜한 고생 하지 말고 돌아가거라."

무외 삼장은 단칼에 거절했다. 혜통이 수없이 사정했지만 소용이 없었다.

'신라가 작은 나라라고 사람까지 무시하다니…….'

혜통은 속상했지만 절에 남아 온갖 궂은일을 하며 기다렸다. 3년이 흐른 어느 날, 무외 삼장과 맞닥뜨린 혜통이 무릎을 꿇었다.

"스님, 제발 저를 제자로 받아 주십시오."

"이놈! 아직도 네 나라로 돌아가지 않았더냐! 쓸데없이 시간 낭비하지 말고 썩 물러가!"

무외 삼장은 여전히 혜통을 무시했다.

'말도 안 돼. 작은 나라에 사는 사람은 부처님 법을 닦을 수도 없단 말인가!'

혜통은 더는 참을 수가 없었다. 아궁이로 달려가 화로에 불씨를 담아 머리에 이었다. 이글거리는 화롯불에 살 타는 냄새가 진동을 했다.

혜통은 그대로 꿈쩍도 하지 않고 서 있었다. 그런데 갑자기 화롯불이 우르릉 쾅쾅 하고 천둥소리를 내며 터졌다. 혜통은 머리에서 피를 철철 흘리며 쓰러졌다. 이를 본 무외 삼장이 소리쳤다.

"이 자를 어서 방으로 옮겨라!"

무외 삼장은 혜통의 머리에 손을 얹고 주문을 외웠다. 그러자 신기하게도 혜통의 머리에서 흐르던 피가 멈추더니 금세 상처가 아물었다.

"그 고집이라면 부처님의 법을 따를 수 있겠구나. 이제부터 넌 내 제자이니라."

그런데 혜통의 머리에는 흉터가 남았다. 흉터는 마치 '임금 왕(王)' 자처럼 보였다. 그걸 보고 사람들은 혜통을 '왕 화상'이라 불렀다. 혜통은 모든 걸 빨리 깨우쳤다. 기특하게 여긴 무외 삼장은 불도의 여러 비법과 재주를 아낌없이 가르쳐 주었다.

하루는 당나라 궁궐에서 신하가 찾아왔다. 무외 삼장이 혜통을 불렀다.

"공주님께서 병이 깊으시다니 네가 가서 치료해 드려라."

궁궐로 가서 공주의 병을 살핀 뒤 혜통이 말했다.

"공주님의 머릿속에 독을 품은 용이 들어있습니다. 흰 팥 한 말을 가져오십시오."

혜통은 시녀들이 가져온 흰 팥을 은그릇에 담고 주문을 외웠다. 그러자 은그릇에 담겨 있던 흰 팥이 어느새 난쟁이 병정들로 변했다.

"당장 가서 공주님의 머릿속에 있는 독룡을 내쫓아라!"

난쟁이 병정들은 혜통이 시키는 대로 독룡과 맞서 싸웠다. 하지만 독룡을 이기기에는 힘이 부족했다. 혜통은 이번에는 검은 팥 한 말을 가져오게 하여 난쟁이 병정들로 변신시켰다. 검은 병정들과 흰 병정들이 힘을 합하니 독룡이 서서히 힘을 잃기 시작했다.

독룡은 온몸을 비틀며 괴로워하다가 어디론가 사라져 버렸다. 조금 뒤 다 죽어가던 공주의 얼굴이 환하게 빛났다. 어느새 병이 다 나은 것이다.

이후 혜통은 더욱 높은 덕과 도를 갖추어 존경받는 훌륭한 스님으로 이름을 날렸다.

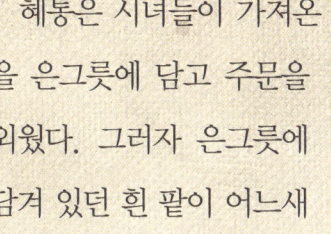

산신령을 만난 원광

원광은 신라 때 스님이다. 원광은 어려서부터 밤낮으로 책을 읽고 글을 잘 지었다. 하지만 늘 자신이 부족하다 여겼다.

원광이 사미산에서 도를 닦을 때의 일이다. 어느 날 밤, 원광은 홀로 앉아 불경을 읽고 있었다. 그때 어디선가 목소리가 들려왔다.

"나는 이곳의 산신령이오. 그대의 수행은 법도에 어긋남이 없고 참으로 훌륭하오. 헌데 그대의 이웃에 사는 스님은 도를 닦지만 얻는 것이 없고, 다른 사람의 수행까지 방해하고 있소. 또한, 내가 다니는 길목에 버티고 앉아 출입을 방해하니 어찌하면 좋겠소? 부디 그대가 찾아가 다른 곳으로 옮기라 전해 주시오. 만일 그 자가 고집을 피우고 옮기지 않는다면, 나는 더 이상 참지 않을 것이오."

날이 밝자마자 원광은 이웃에 사는 스님을 찾아갔다.

"내가 어젯밤에 산신령을 만났는데, 스님이 다른 곳으로 옮겨가는 게 좋겠다는 이야기를 들었습니다. 그렇게 하지 않으면 불행한 일을 당할 듯하니 서둘러 옮기시지요."

원광의 이야기를 들은 이웃의 스님은 벌컥 화를 냈다.

"나처럼 수행을 많이 한 사람은 마귀에게 화를 당하는 법이 없소이다! 스님이야말로 수행이 적어 둔갑한 여우에게 홀린 게 아닙니까? 그렇지 않고서야 어찌 나를 찾아와 이런 무례를 범할 수가 있겠소."

이웃 스님의 호통에 원광은 더는 말을 잇지 못하고 발길을 돌렸다.

그날 밤에도 원광은 홀로 앉아 불경을 읽었다. 그런데 또 산신령의 목소리가 들려왔다.

"이웃 스님에게 가 보았소? 내 말을 전하니 뭐라고 합디까?"

원광은 혹시라도 이웃 스님에게 좋지 않은 일이 생길까 봐 걱정이 되어 낮에 있었던 일을 사실대로 말하지 않았다.

"신령님, 제가 아직 그 스님을 찾아가지 못했습니다. 내일은 꼭 찾아가 알아듣게 이야기를 전할 터이니 하루만 더 기다려 주십시오."

"어허, 그대는 어찌 내게 거짓을 말하는 것이오?"

산신령은 이미 모든 사실을 알고 있었다.

"경고를 했건만 그 자가 듣지를 않으니 벌을 내리는 수밖에."

산신령의 말이 끝나기 무섭게 하늘과 땅을 울리는 벼락이 내리쳤다.

다음 날 이웃 스님에게 가 보니 산이 무너져 내려 절은 흔적도 찾아볼 수가 없었다.

그날 밤 또다시 산신령이 원광을 찾아와 물었다.

"그대가 보기에 내 도술이 어떻소?"

"굉장히 놀랍습니다."

"나는 삼천 년간 도술을 익혔소. 절 하나 무너뜨리는 건 일도 아니지. 그래서 말인데, 그대는 이 나라에 머물러 있지 마시오. 중국으로 가 불법을 닦으시오. 그러면 장차 큰일을 할 수 있을 거요."

"저도 오래 전부터 중국에 가서 불도를 배우고 싶었습니다. 허나 그곳은 워낙 멀리 떨어진 곳이라 가는 길을 알 수가 없어 망설이고 있었습니다."

원광의 말을 들은 산신령은 중국으로 가는 길을 자세히 일러 주었다. 원광은 그 길을 따라 중국으로 쉽게 건너갈 수 있었다.

스물다섯 살에 중국 진나라로 간 원광은 장엄사에서 불교에 대한 가르침을 들었다. 어려서부터 갈고 닦은 학문이 깊었기 때문에 금세 도를 깨우칠 수 있었다. 원광의 가르침을 받고자 하는 제자들이 구름처럼 모여들었다.

한편, 원광은 늘 신라로 돌아갈 생각을 하고 있었다. 그러던 중 신라의 진평왕이 원광을 불렀다. 원광이 신라에 돌아오자 백성들이 모두 기뻐했다. 특히, 진평왕은 나라를 다스리는 모든 일을 원광과 의논하여 처리했다.

"아참, 내 정신 좀 봐. 산신령께 감사의 뜻을 전한다는 게 그만 시간이 이렇게 흘렀네."

원광은 사미산에 있는 절을 찾아갔다. 그날 밤 산신령의 목소리가 들려왔다.

"중국에는 잘 다녀왔소?"

"네. 신령님의 은혜로 무사히 다녀왔습니다. 감사합니다. 헌데 신령님, 제게 신령님의 모습을 한 번만이라도 보여 주실 수는 없습니까?"

"내 모습을 정 보고 싶다면, 내일 아침 동쪽 하늘 끝을 바라보시오."

이튿날 아침에 원광은 동쪽 하늘 끝을 바라보았다. 큰 팔뚝이 구름을 뚫고 하늘 끝에 닿아 있었다. 그날 밤 산신령이 찾아와 말했다.

"내가 비록 산신령이기는 하지만 영영 살 수는 없다오. 사실은 곧 세상을 떠날 것이오. 그때 그대가 내 넋을 배웅해 주었으면 하오."

산신령은 원광에게 어느 날 어느 곳으로 오라고 일러 주었다. 원광은 그날을 잊지 않고 찾아갔다. 그곳에는 늙은 여우 한 마리가 숨을 헐떡거리고 있었다. 마치 옻칠이라도 한 듯 새까만 그 여우는 원광이 도착하자 이내 숨을 거두었다. 원광은 여우를 잘 묻고 제사 지내 주었다. 이후 원광은 부처님의 가르침을 바탕으로 모든 일을 처리해 왕의 믿음과 백성들의 존경을 받았다.

불교를 널리 알린
원효

　원효는 신라 26대 진평왕 때 태어났다.

　스님이 되기 전 원효의 성은 설씨였다. 원효의 어머니는 하늘에서 떨어진 별똥별이 품으로 들어오는 꿈을 꾼 뒤 아기를 가졌다. 만삭 때 집 근처 골짜기를 지나는데 갑자기 배가 아파왔다. 미처 집으로 돌아가지 못한 채 밤나무 아래에서 원효를 낳았다. 이때 오색구름이 땅을 뒤덮었다.

　어릴 때부터 총명하고 영리했던 원효는 스승도 없이 혼자 학문을 닦았다. 장차 스님이 되기로 마음먹고 자기 집을 바쳐 '초개사'라는 절을 세웠다.

　원효는 황룡사에 들어가 불법을 공부하여 마침내 스님이 되었다. 그리고 45세 때, 같이 공부하던 의상과 함께 당나라로 향했다. 불교를 더 공부하여 큰 깨달음을 얻기 위해서였다.

　당나라로 가던 중 당항성에 이르렀을 때였다. 밤이 깊었는데 잘 곳이 없어 어떤 무덤 사이에서 묵게 되었다. 잠결에 목이 말랐던 원효는 손으로 주위를 더듬거리다가 옆에 놓인 바가지의 물을 마셨다. 꿀맛이 따로 없었다. 이튿날 잠에서 깬 원효는 깜짝 놀랐다. 간밤에 마신 게 바가지에 든 물이 아니라 해골에 고인 썩은 물이었다.

"우웩!"

원효는 한바탕 토하다가 정신이 번쩍 들었다.

"어젯밤에 그토록 꿀맛 같던 물이 해골에 담긴 썩은 물이란 걸 알고 토하다니! 세상 모든 건 오직 마음에 달렸구나. 내 마음이 곧 불법인데, 굳이 먼 당나라까지 가서 불도를 닦을 필요가 있을까?"

원효는 해골 속 썩은 물에서 깨달은 바를 의상에게 말했다.

"나는 신라로 되돌아가겠네."

결국, 의상은 당나라로 떠나고 원효는 신라로 돌아왔다. 그리고 자신이 깨달은 바를 백성들에게 전하며 불교를 널리 알렸다.

한편, 원효는 사는 방식이나 행동이 남달랐다. 하루는 거리로 나가 큰 소리로 노래를 부르며 돌아다녔다.

누가 나에게 자루 없는 도끼를
빌려 주려나.
나는 하늘을 떠받칠
기둥을 다듬고 싶은데.

사람들은 원효가 부르는 노래가 무슨 뜻인지 몰랐다. 원효의 노래는 입소문을 타고 궁궐에까지 알려졌다. 신하들이 태종 무열왕에게 알렸다.

"폐하, 지금 원효 대사가 뜻을 알 수 없는 노래를 부르며 거리를 돌아다닌다고 합니다."

"그래? 그게 무슨 노래더냐?"

노랫말을 전해들은 무열왕은 원효 대사의 마음을 짐작했다.

'원효 대사는 귀한 부인을 아내로 얻어 훌륭한 아들을 낳고 싶은 게야. 나라에 어진 사람이 태어나면 그보다 더 이로울 것이 없지. 헌데 대사와 어울릴만한 귀한 여인이 누가 있을까?'

골똘히 생각에 잠겼던 무열왕은 자신의 무릎을 탁 쳤다.

'오호라, 요석궁에 살고 있는 공주!'

자루 없는 도끼란 요석궁에서 홀로 사는 공주를 뜻하고, 원효 대사는 자기가 그 도끼의 자루가 되어 하늘을 떠받칠 기둥을 다듬겠다고 한 것이다. 요석 공주와 원효 대사가 짝이 되면, 그 사이에서 반드시 하늘을 떠받칠 기둥과 같은 인물이 태어난다는 뜻이었다.

무열왕은 크게 명령했다.

"여봐라, 지금 당장 원효 대사를 요석궁으로 모시고 가라!"

원효는 무열왕이 노래의 뜻을 헤아리고 사람을 보내올 줄 짐작하고 있었다. 그래서 '문천교'라는 다리 위를 거닐며 기다렸다. 이윽고 왕의 명령을 받은 신하가 나타났다. 원효는 기다렸다는 듯이 물 속으로 뛰어들었다. 놀란 신하들은 다급하게 원효를 다리 위로 끌어올렸다.

"폐하께서 대사님을 요석궁으로 모시라고 하셨습니다. 어서 가시지요."

물에 흠뻑 젖은 원효는 신하들을 따라 요석궁으로 갔다. 그리고 옷이 다 마를 때까지 요석궁에 머물렀다.

그 뒤 공주는 열 달이 지나 아이를 낳았다. 그 아이가 바로 설총이다. 설총은 아버지인 원효를 빼닮아 어릴 때부터 총명하고 재주가 뛰어났다. 홀로 경서와 역사책을 읽는 등 학문 닦는 일을 게을리 하지 않았다. 훗날 설총은 신라를 통틀어 열 손가락에 꼽히는 뛰어난 학자가 되었다. 향가에 쓰인 '이두'라는 문자를 정리하여 완성하기도 했다.

원효는 불교의 율법을 어기고 설총을 낳은 뒤부터 스님이 입는 옷을 입지 않았다. 온 나라를 다니며 불교를 알리는 데 힘썼다. 부처의 가르침을 정리하여 이론을 세우고, 불교의 이치를 알기 쉬운 노래로 지어 백성들에게 가르쳐 주었다. 원효의 가르침 덕분에 글을 모르는 수많은 백성이 부처를 알고 나무아미타불을 외게 되었다.

깊이 생각해보기

원효가 만든 노래는 무엇일까?

원효는 광대들이 가지고 노는 큰 바가지를 얻었는데 그 모양이 이상했어요. 화엄경에 있는 '아무것에도 얽매이지 않은 사람은 죽고 사는 것도 한길로 벗어난다'는 문구를 따서 바가지의 이름을 '무애'라고 불렀지요. 원효는 무애를 들고 부처님 말씀을 노래로 지은 〈무애가〉를 부르며 방방곡곡에 불교를 전했어요. 〈무애가〉의 가사는 현재 전해지지 않아요.

놀라운 능력자
혜공

신라의 스님인 혜공은 천진이라는 사람의 집에서 일하는 노파의 아들로 태어났다. 혜공의 어릴 적 이름은 우조였다.

우조가 일곱 살 때의 일이다. 천진의 등에 종기가 나 거의 죽게 되었다. 소문을 들은 사람들이 문병을 하기 위해 줄을 늘어섰다. 아무것도 모르는 우조는 이상하여 물었다.

"어머니, 웬 손님이 이렇게 많죠? 혹시 집에 무슨 일이 있나요?"

"주인님이 종기로 위독한 걸 여태 모르고 있었느냐?"

어머니는 우조를 나무랐다.

"제가 주인님의 병을 고쳐보겠습니다."

우조의 엉뚱한 말에 어머니는 눈을 흘기며 더 크게 꾸짖었다. 하지만 우조는 진지한 표정으로 다시 한 번 말했다.

"어머니, 저를 믿어주세요. 제가 고쳐보겠습니다."

어머니는 이상하다 여기며 천진에게 고했다.

"주인님, 제 아들이 주인님의 병을 고쳐보겠다고 합니다."

천진은 지푸라기라도 잡아보려는 마음으로 허락했다. 꿇어앉은 우조는 아무 말도 하지 않은 채 천진을 뚫어져라 보고만 있었다. 조금 있자 종기가 저절로 터졌다. 지금껏 좋은 약이란 약은 다 써도 터지지 않던 고름이었다. 죽어가던 천진은 씻은 듯이 나았다. 하지만 천진은 우조가 병을 고친 게 아니라, 그저 우연일 뿐이라고 여겼다.

세월이 흘러 우조는 청년이 되었다. 우조는 천진을 위해 매를 길렀다. 천진은 우조가 기른 매를 꽤 마음에 들어 했다. 천진에게는 동생이 있었는데, 동생이 벼슬을 얻어 다른 고을로 가게 되었다. 천진은 동생에게 자신이 좋아하던 매를 주었다.

어느 날 밤, 천진은 문득 동생이 가져간 매가 생각났다. 날이 밝으면 우조를 시켜 그 매를 가져오게 해야겠다고 생각했다. 그런데 이게 어찌된 일인가! 새벽에 우조가 매를 불러와 천진의 어깨에 앉도록 했다. 천진은 크게 놀랐다.

"아니, 내가 매를 보고 싶어 한 것을 어찌 안 것이냐?"

우조는 아무 말 없이 천진을 바라볼 뿐이었다. 그제야 천진은 과거에 종기를 터트려 낫게 해 준 일과 이번 일이 예사롭지 않다는 사실을 깨달았다. 천진은 무릎을 꿇고 말했다.

"훌륭한 분이 우리 집에 계셨다는 걸 이제야 알았습니다. 그동안 제가 말을 함부로 하고, 공손히 모시지 못한 죄가 큽니다. 모두 용서해 주시고, 앞으로 스님이 되어 저를 바른 길로 이끌어 주십시오."

천진이 여러 번 절을 하자 우조는 입가에 웃음을 담고 집을 나섰다. 그 뒤 스님이 되어 이름을 혜공으로 바꾸었다. 스님이 된 뒤로도 혜공은 신기하고도 놀라운 능력들을 여기저기서 행했다.

혜공이 부개사에 있을 때의 일이다. 혜공은 늘 술에 취해 삼태기를 쓰고 다니며 미친 사람처럼 노래를 부르고 춤을 추었다. 그리고 종종 우물 속에 들어가 몇 달 동안 나오지 않았다. 우물에서 나올 때면 언제나 푸른 옷을 입은 아이가 먼저 나왔다. 뒤이어 나온 혜공의 옷은 물에 젖지 않고 말라 있었다.

혜공이 항사사에 있을 때는 이런 일도 있었다. 어느 날 화랑 구참이 말을 타고 산길을 가다가 혜공이 죽어 있는 것을 발견했다. 시체는 이미 살이 썩어 구더기가 득실거리고 있었다.

"혜공 스님, 어쩌다가 홀로 산길에서 세상을 떠나셨습니까?"

구참은 슬픔에 잠겨 한참을 울었다. 그런 뒤 말을 타고 고을로 내려왔는데, 믿을 수 없는 일이 벌어졌다. 죽었던 혜공이 멀쩡하게 살아 술에 취한 채 노래하고 춤을 추고 있었던 것이다.

또 한 번은 이런 일도 있었다.

혜공이 갑자기 새끼줄을 가지고 영묘사로 들어와서는 금당을 비롯한 좌우의 경루와 남문의 행랑채를 묶은 뒤 그 절의 책임자를 불렀다.

"이 새끼줄을 사흘 뒤에 풀도록 하시오."

절의 책임자는 이상히 여겼으나 새끼줄을 풀지 않고 그대로 두었다. 그런데 사흘 만에 선덕여왕이 절에 행차를 했다. 여왕을 사모하던 지귀가 나타나 영묘사의 탑을 불태웠는데, 혜공이 새끼줄을 쳐둔 곳만은 불에 타지 않았다.

또 이런 일도 있었다. 명랑이라는 스님이 '금강사'라는 절을 짓자, 전국의 유명한 스님들이 찾아왔다. 그런데 명랑이 기다리던 혜공만은 참석하지 않았다.

명랑은 향을 피우고 경건한 마음으로 기도를 올렸다. 얼마 지나지 않아 혜공이 나타났다. 때마침 밖에는 소나기가 줄기차게 쏟아지고 있었다. 하지만 혜공의 옷은 조금도 젖지 않았고, 신발에도 진흙 한 줌 묻어 있지 않았다.

"혜공 스님, 이게 어찌된 일입니까?"

"스님께서 저를 하도 간곡히 부르기에 왔지요."

혜공은 아무렇지 않게 대답한 뒤 정성껏 불공을 드렸다.

혜공은 세상을 떠날 때도 공중에 뜬 채로 삶을 마쳤고, 죽은 뒤 그의 몸에서는 무수히 많은 사리가 나왔다.

죽었다가 다시 살아난
선율

　망덕사에서 불법을 닦으며 지내는 선율 스님은 신도들에게 받은 시주 돈으로 〈반야경〉을 만들고 있었다. 그런데 일을 다 마치기도 전에 저승사자에게 끌려 저승으로 가게 되었다.
　염라대왕이 선율에게 물었다.
　"너는 인간 세상에서 무슨 일을 하였느냐?"
　"저는 인간 세상에서 부처님의 법을 전하는 중이었습니다. 목숨이 다하기 전에 부처님의 말씀을 책으로 엮고자 했는데, 이렇게 잡혀와 그 일을 미처 마치지 못하였습니다."
　선율의 대답을 들은 염라대왕이 입을 열었다.
　"네 인간 세상에서의 삶은 이미 끝났느니라. 허나 그렇게 큰일을 이루지 못하고 왔다니, 다시 인간 세상으로 보내 주마. 돌아가 하던 일을 끝내고 오도록 하여라."
　"그게 정말입니까?"
　"정말이고말고. 어서 가거라."

염라대왕의 분부를 받은 선율은 저승을 나와 길을 재촉했다. 인간 세상으로 돌아오는 길은 낯설고도 멀고 험했다. 그래도 포기하지 않고 걷고 또 걸었다. 지칠 대로 지쳐서 걸음이 느려질 즈음 웬 여인이 울면서 선율 앞으로 다가왔다.

"스님, 저는 신라 사람입니다. 스님께서 신라로 돌아가 큰일을 이루실 거라는 소리를 듣고 이렇게 부랴부랴 왔습니다."

"무슨 일로 나를 찾아왔단 말이오?"

"저는 부모님이 금강사의 논 한 마지기를 몰래 빼앗은 일 때문에 이곳에 잡혀와 지금까지 온갖 괴로운 벌을 받고 있습니다. 그러니 스님, 신라로 돌아가시거든 제 사정을 우리 부모님께 꼭 알려서 그 논을 빨리 돌려주도록 해 주십시오."

여인은 여전히 울먹이며 말을 이었다.

"그리고 한 가지 더 있습니다. 제가 세상에 있을 때 참기름을 짜 묻어둔 것이 있습니다. 곱게 짠 베는 이불 틈에 감추어 두었고요. 부디 스님께서 그 기름을 가져다가 불등을 켜고, 베는 팔아 경을 베껴 적는 데 사용해 주십시오. 그렇게만 해 주시면 저는 이곳에서 스님의 은혜를 입고 고뇌를 벗어날 수 있을 것입니다."

여인의 말을 다 들은 선율은 측은한 마음이 들었다.

"사정이 딱하구려. 그대의 집은 어디입니까?"

"저는 사량부 구원사 서남쪽 마을에 살았습니다."

선율은 여인의 부탁을 들어주기로 하고 인간 세상으로 돌아왔다. 그런데 선율이 죽은 지 열흘이 지난 뒤라 그의 몸은 관 속에 묻혀 있는 형편이었다. 선율은 무덤 속에서 소리쳤다.

"누구 없소? 내가 살아 돌아왔으니 관을 열어 주시오!"

선율은 밤낮으로 계속 소리를 질러댔다. 사흘째 되던 날 무덤 옆을 지나던 아이가 소리를 듣고 깜짝 놀랐다.

"아니, 선율 스님 목소리잖아?"

아이는 몰고 가던 소도 팽개치고 망덕사로 내달렸다.

"스님들! 스님들! 선율 스님이 살아계십니다!"

아이의 말을 들은 스님들은 선율 스님의 무덤으로 향했다. 정말로 무덤 속에서 선율 스님의 목소리가 터져 나오고 있었다.

"누구 없소? 내가 살아 돌아왔으니 관을 열어 주시오!"

스님들은 부랴부랴 무덤을 파헤친 뒤 관을 열었다.

"스님!"

멀쩡히 살아있는 선율을 보고 다들 입을 다물지 못했다. 선율은 그동안 있었던 일을 자세히 말해 주었다. 그리고 저승에서 돌아오는 길에 만난 여인의 이야기도 들려주었다.

"먼저 그 여인의 집부터 가 봐야겠네."

무덤에서 나온 선율은 저승에서 만난 여인의 집으로 갔다. 그녀의 부모에게 저승에서 있었던 일을 낱낱이 이야기해 주었다. 부모는 무릎을 꿇고 통곡을 했다.

"죽은 지 15년이나 된 우리 딸을 만났다고요?"

"그곳에서 우리 때문에 고통을 받고 있다니, 이 죄를 어찌하면 씻을 수 있겠습니까?"

부모가 울며불며 물었다.

"우선 몰래 빼앗은 금강사의 논 한 마지기부터 돌려주십시오."

"네, 그리하겠습니다."

여인의 부모는 선율이 시키는 대로 했다.

"자, 이제 따님이 말한 참기름과 베를 찾아야겠습니다."

선율은 참기름과 베를 쉽게 찾아냈다. 여인이 죽은 지 15년이 지났건만, 참기름과 베는 썩지 않고 멀쩡했다.

선율은 여인이 부탁한 대로 참기름

은 부처에게 바치는 불을 켜고, 베는 경을 베끼는 데 사용했다. 그리고 여인의 부모와 함께 딸의 명복을 빌어 주었다.

어느 날 밤, 여인의 혼이 선율을 찾아와 말했다.

"스님의 은혜로 저는 이미 고뇌에서 벗어났습니다."

"참으로 다행이구려. 이제 나도 내 할 일을 마쳐야겠소."

저승에서 살아 돌아온 선율은 마침내 〈반야경〉을 완성했다.

깊이 생각해보기 — 저승은 어떤 곳일까?

'저승'은 불교에서 온 말이에요. 사람이 죽은 뒤에 그 영혼이 가서 살게 되는 곳을 가리켜요. 죽어서 간다는 극락과 지옥도 모두 저승에 속해요. 저승의 반대말은 '이승'이에요. 우리가 살고 있는 이 세상을 뜻해요. 오늘날 이승과 저승은 종교적인 의미보다는 '삶의 세계'와 '죽음의 세계'를 가리키는 말로 널리 쓰이고 있어요.

하늘에 뜬 두 개의 해와
월명

신라 35대 경덕왕 때의 일이다.

경덕왕 19년 4월 1일, 하늘에 해가 둘이나 뜨는 이상한 일이 벌어졌다. 나란히 떠오른 해는 열흘이 지나도록 사라지지 않았다.

경덕왕은 천문을 담당하는 일관을 불러 까닭을 물어보았다.

"대체 이게 어찌된 일이냐? 하늘에 해가 둘이나 뜨다니?"

"폐하, 이건 하늘이 내린 재앙입니다. 오늘 인연이 닿는 스님이 있으면 당장 불러들이십시오. 그 스님에게 불법의 글을 지어 산화공덕을 하도록 해야 합니다. 그래야만 하늘의 재앙을 막을 수 있습니다."

산화공덕은 꽃을 뿌리면서 불공을 드리는 것이다. 꽃을 뿌리는 것은 그 꽃에 부처님이 와서 앉으시기 때문이다. 또한, 귀신은 꽃의 향기와 아름다운 빛깔을 싫어하기 때문에 악귀를 물리치기 위한 것이기도 하다.

경덕왕은 즉시 일관의 말에 따랐다. 기도를 올릴 수 있는 깨끗한 단을 만든 뒤, 옆에 있는 누각에 올라갔다. 그때 한 스님이 밭둑길을 지나는 게 보였다. 왕은 신하에게 명령했다.

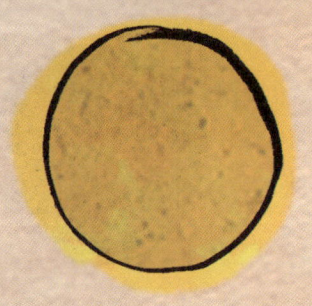

"저기 가는 스님을 모셔 오너라!"
신하는 쏜살같이 달려가 스님을 데리고 왔다.
"그대의 이름은 무엇인가?"
"월명이라 하옵니다."
"그대도 십여 일 전부터 하늘에 해가 둘이나 떠 있는 것을 보았을 것이오."
"네, 보았습니다."
그러자 경덕왕은 일관이 한 말을 전해 주었다.
"한시가 급하니 어서 불공을 올려 주시오."
왕의 명령에 월명은 잠시 생각에 잠겼다가 입을 열었다.
"폐하, 저는 아직 깨달음이 부족합니다. 불법의 글을 지어 불공을 드릴 처지가 못 됩니다. 제가 지을 수 있는 것은 향가 정도입니다."
"그대는 오늘 나와 인연이 닿은 스님이오. 그러니 향가라도 지어 꽃을 뿌리며 불공을 올리도록 하시오."
월명은 곧 〈도솔가〉라는 향가를 지었다. 그리고 꽃을 뿌리며 노래를 부르기 시작했다.

오늘 꽃을 뿌리며 노래 부르나니
꽃아, 너는 그 굳은 마음을 헤아려
멀리 도솔천에 계신
미륵보살님을 모실지어다.

　노래가 끝나자 하늘에 떠 있던 두 개의 해 중에서 한 개는 사라지고 하나만 남았다.
　경덕왕은 월명의 재주를 칭찬하며 좋은 차 한 통과 수정으로 만든 염주 108개를 내렸다. 그때 차림새가 말쑥한 동자가 나타나더니 차와 염주를 가로채 달아났다.
　"아니, 저 동자는 누구냐?"
　"저도 모르는 동자이옵니다."
　월명의 대답에 경덕왕은 신하를 시켜 동자를 잡아오라고 시켰다. 달아나던 동자는 안뜰의 탑 속으로 사라졌다. 차와 염주는 남쪽 벽에 그려진 미륵보살상 앞에 놓여 있었다.
　"월명의 지극한 정성에 부처님께서 감동하신 게로구나."
　경덕왕은 월명을 더욱 더 공경하여 다시 비단 100필을 내려 주었다. 이후 궁궐에서는 물론 백성들 사이에도 월명을 모르는 사람이 없게 되었다.
　월명은 오래 전에도 죽은 누이동생을 위해 재를 지낸 적이 있었다. 그때도 〈제망매가〉라는 향가를 한 수 지어 읊었다.

삶과 죽음의 갈림길이 두려워
'나는 가오'라는 한 마디도
다 말하지 못하고 갔느냐.
어느 가을 이른 바람에
여기저기 떨어지는 잎처럼

같은 가지에서 피어났으되
서로 가는 곳을 모르는구나.
아, 극락세계에서 너를 만나기 위해
나는 도를 닦으며 기다리련다.

그러자 갑자기 거센 바람이 일어 종이돈을 서쪽으로 날려 보냈다. 바람이 종이돈을 날린 것은 월명의 누이동생이 극락에 가는데 드는 비용을 만들어 주기 위한 것이었다.
이처럼 월명이 지어 부른 향가는 여러 신과 귀신들까지 감동시키는 힘을 지녔다고 한다.

깊이 생각해보기 — 향가란 무엇일까?

향가는 '사뇌가'라고도 해요. 신라 때부터 고려 초기까지 불리던 민간 노래이지요. 승려나 화랑 등이 주로 지어 불렀어요. 가사는 불교적인 기원이나 정치사상 또는 주술적인 성격의 내용이 많아요. 《삼국유사》에는 〈도솔가〉, 〈안민가〉, 〈제망매가〉, 〈처용가〉, 〈서동요〉 등 14편의 향가가 실려 있어요.

호랑이도 먹어치우지 못한
혜현의 혀

혜현은 백제 사람이다.

어려서부터 글 읽고 학문 닦는 일을 좋아했다. 특히, 부처의 말씀에 감명을 받아 하루도 불경을 읽지 않는 날이 없었다.

"부처님의 말씀을 더 깊이 공부해야겠어."

혜현은 어린 나이에 집을 나와 산 속 절로 들어갔다. 조용한 절에서 부처의 가르침이 적힌 불경을 수도 없이 읽었다. 덕분에 혜현은 부처의 가르침을 일찍 깨달을 수 있었다.

"이렇게 훌륭한 말씀을 나 혼자만 알고 있을 수는 없지. 더 많은 사람에게 불법을 전해야겠어."

혜현은 부처의 가르침을 널리 알리기로 마음먹고 수덕사로 향했다. 수덕사는 사람들이 많이 찾는 절로 유명했다. 혜현은 부처의 가르침을 쉽게 풀어서 사람들에게 전했다. 부처의 법을 사람들이 생활에서 실천할 수 있도록 방법을 일러 주었고, 세상일의 옳고 그름을 판단할 수 있도록 깨우쳤다.

사람들의 입에서 감탄이 절로 터져 나왔다. 혜현의 설법은 온 백제에 널리 유명해졌다.

"수덕사에 가면 부처님 말씀을 귀에 쏙쏙 들어오게 설법하는 스님이 계신다며?"

"맞아. 그분이 바로 혜현 스님이래."

"우리도 수덕사로 가서 불법을 들읍시다."

전국 방방곡곡에서 모여든 사람들로 수덕사는 발 디딜 틈이 없었다. 법당 안은 물론이거니와 밖에서도 혜현의 설법을 듣기 위해 서 있는 이들이 많았다.

날이 갈수록 사람들이 많아지자 수덕사에서는 고민이 생겼다. 구름처럼 모이는 사람들에게 끼니와 잠자리를 베푸는 일이 힘겨웠던 것이다.

하루는 절을 관리하는 스님이 혜현에게 말했다.

"스님, 부처님의 말씀을 널리 전하는 것도 좋지만, 하루 이틀도 아니고 그 많은 사람을 절에서 먹이고 재우는 게 힘겹습니다. 설법을 잠시 중단해 주십시오."

혜현은 그만둘 수가 없었다. 더 많은 사람이 부처의 법을 알고 실천해야 한다고 생각했기 때문이다. 혜현의 설법은 하루에도 몇 번씩 계속되었다.

많은 사람이 옳고 그름을 판단하게 되었고, 주장을 펴는 용기도 얻었다. 이를 가장 못마땅하게 여기는 이들은 관청의 벼슬아치들이었다. 잘못을 저지를 때마다 사람들이 찾아와 따지고 들었던 것이다.

"혜현 스님을 이대로 두고만 볼 겁니까?"
"무지랭이 백성들이 난리를 일으킬지도 모릅니다."
"서둘러 대책을 마련합시다."
벼슬아치들은 혜현을 다른 곳으로 쫓아버릴 계획을 세운 뒤 수덕사로 찾아갔다.
"혜현 스님은 부처님의 말씀을 전한다는 핑계로 백성들을 모아 관청을 헐뜯고 있소. 그 죄가 크나, 더는 묻지 않을 테니 당장 우리 고을을 떠나시오."
수덕사를 관리하는 스님은 옳다구나 하고 관리들의 명령에 찬성했다. 혜현은 더 이상 수덕사에 머물 수가 없었다.

수덕사를 떠난 혜현은 달라산으로 갔다. 달라산은 매우 높고 험해서 사람들이 드나들기 힘들었다. 소란스러운 곳을 떠나 고요한 곳에 이르니 불도를 닦기에 더없이 좋았다.

혜현은 자신을 따라 온 제자들 몇몇과 함께 깊은 산 속에서 평생 불도를 닦았다. 그러다가 어느 날 조용히 눈을 감았다.

"스님이 돌아가셨습니다."

"어서 장사 지냅시다."

그런데 달라산은 험한 바위산이어서 무덤을 쓸 만한 곳이 없었다. 하는 수없이 제자들은 무덤을 만들지 않고 혜현의 시신을 바위굴에 모셔놓았다.

그날 밤 바위굴에 호랑이가 찾아들었다. 호랑이는 혜현의 시신을 모조리 먹어치웠다. 그런데 혀만은 먹지 않고 그대로 남겨 두었다.

다음날, 바위굴을 찾아온 제자들은 깜짝 놀랐다. 혜현을 먹어치운 호랑이가 굴 밖으로 나와 사라졌던 것이다. 제자들은 한탄하며 한참을 통곡했다. 그때 제자 한 사람이 소리쳤다.

"이것 좀 보게! 혜현 스님의 혀가 남아있어."

"호랑이가 왜 혀는 먹어치우지 않았을까?"

"호랑이도 부처님의 가르침을 널리 폈던 스님의 혀를 알아본 게야. 말씀을 전한 혀까지 먹어치웠다간 벌을 받을 수도 있으니."

제자들은 혜현의 혀를 동굴 속 더 깊고 깨끗한 바위에 잘 모셨다. 시간이 흘러 삼 년이 지났지만 혜현의 혀는 살아 있을 때처럼 부드럽고 붉은 기운이 그대로였다.

"돌탑을 쌓아 혀를 고이 간직합시다."

제자들은 정성스레 돌탑을 쌓고 그 안에 혜현의 혀를 모셨다.

수십 년이 흘러 혜현의 혀는 돌처럼 단단하게 굳어졌으나 붉은 빛깔만큼은 조금도 변하지 않았다.

혜현은 한 번도 중국에 간 일이 없었다. 그런데 혜현의 이름은 중국에까지 널리 알려졌다. 혜현의 일생이 글로 기록되어 널리 퍼진 것이다. 태어나서 자라고 불도를 닦은 뒤 사람들에게 실천하는 불법을 가르친 이야기였다. 혜현의 이야기를 읽은 중국 사람들은 저마다 감동받고 존경하는 마음을 가졌다.

> **깊이 생각해보기** **백성들은 왜 불경을 스스로 깨치지 못했을까?**
>
> 부처님 말씀이 적힌 불경은 한자로 되어 있어요. 그런데 불경의 한자는 부처의 나라인 인도 말을 발음 나는 대로 적은 것이었어요. 그러다 보니 일반 백성들은 불경의 뜻을 전혀 깨우칠 수가 없었어요. 이렇게 어려운 불경을 혜현이 쉽게 해석해서 백성들에게 전해 주었던 거예요.

불교를 크게 일으킨 자장

자장은 신라의 스님이다.

자장의 아버지 김무림은 높은 벼슬을 했다. 그런데 대를 이을 아들이 없어 걱정이었다.

"아들을 주시옵소서. 아들을 낳으면 부처님을 위해 일하는 사람이 되도록 하겠습니다."

간절한 기도가 통했는지 하루는 김무림의 아내가 태몽을 꾸었다. 별이 품속으로 들어오는 꿈이었다. 열 달 뒤 자장을 낳았는데, 그날은 부처님이 이 세상에 오신 날이었다.

자장은 슬기롭고 글 짓는 실력도 뛰어났다. 부모가 일찍 돌아가시자 세상을 등지고 산 속으로 들어갔다. 기도를 드리는 조그만 움막을 지었는데, 주위 벽을 온통 가시나무로 둘러쳤다.

"이렇게 하면 정신이 번쩍 들 거야. 도를 닦을 때 조금이라도 움직이거나 졸면 가시에 찔릴 테니까."

또 자장은 머리를 들보에 매달아 한순간도 정신을 놓지 않기 위해 애썼다.

한편, 신라 조정에서는 재상의 자리가 비어 마땅한 사람을 찾고 있었다. 대신들이 자장을 추천했다. 하지만 자장은 벼슬자리에 나가지 않았다. 화가 난 왕이 불호령을 내렸다.

"산 속에서 나오지 않으면 목을 벤다고 전하라!"

왕의 명령에도 불구하고 자장은 마음을 바꾸지 않았다. 도리어 단호하게 자신의 뜻을 왕에게 전했다.

"불법을 깨뜨리고 백 년을 사는 것보다 불법을 지키며 단 하루를 사는 게 낫습니다."

그 일이 있은 뒤 자장은 더 깊은 산 속으로 들어갔다. 불도를 닦느라 끼니를 챙겨먹지 못하는 날이 많았다. 그때마다 산 속의 새들이 과일을 물어와 자장에게 공양을 했다.

어느 날 밤, 자장은 하늘에서 내려온 천인에게 5계를 받는 꿈을 꾸었다. 그 뒤 산 속에서 나온 자장은 더 많은 불법을 배우기 위해 당나라로 건너갔다. 당나라에 머물면서 부처의 큰 뜻을 깨닫고, 불법을 널리 알리는 데 힘썼다.

당나라 태종은 자장을 매우 아꼈다. 편히 머물 수 있도록 해 주었고, 때때로 비단을 보내주기도 했다. 자장은 당나라 왕의 도움이 부담스러워 산 속 깊이 들어갔다.

한편, 선덕여왕은 당나라 황제에게 글을 보내 자장을 신라로 보내 달라고 부탁했다. 태종은 아쉽지만 자장을 보내 주기로 했다.

"그대가 이곳에 있기를 바라지만, 신라에서도 그대를 간절히 원하니가 보도록 하시오."

"네, 폐하. 한데 청이 하나 있습니다. 신라는 당나라처럼 불경이며 불상들이 아직 미비합니다. 부디 대장경 한 부와 불상들을 좀 가져가게 해 주십시오."

당나라 태종은 기꺼이 자장의 부탁을 들어주었다.

자장이 신라로 돌아오자 모두가 크게 환영했다. 선덕여왕은 자장을 대국통으로 삼고 불교에 관한 모든 일을 맡아서 관리하도록 했다.

좋은 기회를 얻게 된 자장은 부처의 말씀을 전하는데 온 힘을 기울였다. 각 지방에 있는 절에 관리를 보내어 잘못을 저지르는 스님들을 엄하게 다스렸다. 또한, 불경을 고쳐 짓고 절과 불상도 많이 세웠다. 규범이 없어 제멋대로 행해지던 여러 불교 행사도 바로잡아 하나로 통일했다. 그러자 백성들 가운데 열에 아홉은 부처를 받들고, 스님이 되고자 하는 사람도 갈수록 늘어났다.

세월이 흘러 자장은 강릉에 '수다사'라는 절을 짓고 조용히 지냈다. 그런데 하루는 꿈에 당나라에서 만났던 스님이 나타났다.

"내일 그대를 대송정에서 만나리라."

꿈에서 깬 자장은 제자와 함께 대송정으로 갔다. 거기서 지혜를 전하는 문수보살을 만났다.

"태백산의 칡덩굴이 서리고 있는 곳에서 다시 만나리라."

문수보살은 이 말을 남기고 사라졌다. 자장은 태백산으로 가서 칡덩굴이 서리고 있는 곳을 찾다가 한 나무 밑에 똬리를 틀고 있는 커다란 구렁이를 보았다.

"음, 이곳이 바로 칡덩굴이 서린 곳이군."

자장은 그 자리에 석남원을 세우고 문수보살이 오기를 기다렸다. 그러던 어느 날, 다 헤진 옷을 걸친 남자가 죽은 강아지를 담은 삼태기를 메고 와 말했다.

"자장을 보려고 왔다."

"댁은 뉘신데 감히 우리 스승님을 함부로 부르는 것이오?"

"어서 네 스승에게 알리기나 해라."

"이런 미치광이를 봤나? 썩 꺼지지 못할까!"

제자의 말에 남자는 돌아서며 말했다.

"돌아가리로다, 돌아가리로다. 남을 업신여기는 자가 어찌 나를 알아볼 수 있겠는가!"

말을 마친 남자는 삼태기를 거꾸로 들고 털었다. 그 속에서 나온 죽은 강아지가 저승사자의 의자로 변했다. 의자에 앉은 남자는 온몸에서 빛을 내뿜으며 남쪽 산마루로 사라져갔다.

제자에게 이야기를 듣고 난 자장은 무릎을 탁 쳤다.

"나를 데리러 온 문수보살이로구나!"

서둘러 남쪽 산마루로 가 보았으나 이미 빛은 아득히 사라져 따라갈 수가 없었다. 마침내 자장은 그 자리에 쓰러져 죽음을 맞았다.

자장이 살아서 세운 절과 탑은 모두 십여 군데나 되었다. 절과 탑을 세울 때마다 방방곡곡에서 사람들이 구름처럼 모여들어 며칠 만에 완성되고는 했다.

　이처럼 자장은 널리 부처의 법을 알리고, 불교를 크게 일으켰다. 신라에 불교가 아름답게 꽃피는 시대를 만든 것이다.

깊이 생각해보기 — 하늘에서 온 천인이 자장에게 준 5계는 뭘까?

5계는 불교에서 도를 닦는 사람이 지켜야 하는 다섯 가지 규범을 말해요. '불살생'은 생명을 죽이지 말라는 뜻이고, '불투도'는 주지 않은 것을 가지지 말라는 뜻이고, '불사음'은 이성에게 빠지지 말라는 뜻이고, '불망어'는 거짓말을 하지 말라는 뜻이고, '불음주'는 술을 마시지 말라는 뜻이에요.

3장 인간과 귀신 세계를 넘나든 사람들

도깨비와 함께 다리를 놓은
비형랑

　신라의 25대 진지왕은 날마다 술 마시고 춤추고 노는 일에 빠져 있었다. 특히, 예쁜 여자를 무척 좋아했다.
　"소문에 듣자 하니 도화부인이 그리도 예쁘다면서? 지금 당장 데려오너라!"
　진지왕의 명령에 신하들은 도화부인을 대령했다. 왕은 부인에게 첫눈에 반했다.
　"오늘부터 이 궁궐에서 나와 함께 살자꾸나. 내가 아무 근심걱정 없이 해주마."
　"폐하, 저는 이미 혼인한 몸입니다. 남편이 있는 여자가 어찌 다른 사내를 섬긴단 말입니까?"
　"나는 이 나라의 왕이다. 내 명을 어길 셈이냐?"
　"폐하, 차라리 죽여 주시옵소서."
　"만약 네 남편이 없었다면 나와 살았겠느냐?"
　"네, 폐하."

대답을 들은 왕은 하는 수없이 도화부인을 돌려보냈다. 그러고는 날마다 도화부인을 떠올리며 술로 세월을 보냈다. 귀족과 신하들의 불만은 하늘 끝까지 치솟았다.

"무슨 수를 쓰지 않으면 이 나라가 망하고 말 겁니다."

"술과 여자에 빠져 지내는 왕은 필요 없습니다. 나라를 잘 다스릴 새 왕을 뽑읍시다."

대신들은 진지왕을 궁궐에서 쫓아내고 새로 진평왕을 뽑았다.

쫓겨난 진지왕은 병을 얻어 금세 세상을 떠났다. 그 즈음 도화부인의 남편도 시름시름 앓다가 죽었다.

어느 날 밤, 도화부인이 바느질을 하고 있었다. 갑자기 방 안에 찬바람이 몰아치더니 호롱불이 꺼졌다. 그리고 진지왕의 목소리가 들려왔다.

"네 남편이 죽었으니 이제 나와 결혼하겠느냐?"

"폐하, 소원을 이루시옵소서."

마침내 도화부인은 진지왕의 혼령과 결혼을 했다.

진지왕의 혼령이 있는 동안 도화부인의 방에서는 향내가 끊이지 않았다. 지붕 위에는 다섯 가지 빛깔의 구름이 감돌았다. 일주일 뒤 혼령은 감쪽같이 사라지고, 도화부인의 배가 점점 불러왔다. 열 달이 되던 날, 천지가 진동하더니 도화부인이 아기를 낳았다.

하루는 도화부인의 집에 다녀온 신하가 진평왕에게 아뢰었다.

"폐하, 아기가 돌아가신 진지왕을 꼭 빼닮았습니다."

"아기를 데려와 보아라."

신하가 아기를 데려오자 진평왕은 놀라 입을 다물지 못했다.

"과연 빼닮았군. 생전에 그토록 도화부인을 그리워하시더니 혼령으로나마 자손을 남기셨구나. 평범한 아기가 아니니 궁궐에서 키우도록 하여라."

아기는 무럭무럭 자랐다. 자랄수록 늠름하고 지혜로웠다. 아이의 이름은 '비형랑'이었다.

비형랑은 열다섯 살에 벼슬을 받아 궁궐 일을 도왔다. 그런데 비형랑에게 이상한 버릇이 있었다. 밤만 되면 몰래 담장을 넘어 밖으로 나가는 것이었다. 이 소문은 금세 왕의 귀에 들어갔다.

"여봐라, 오늘 밤에 비형랑의 뒤를 캐 보아라."

군사들이 비형랑의 뒤를 밟았다. 비형랑은 담장도 언덕도 강물도 뛰는 듯 나는 듯 가볍게 건넜다. 한참을 깊은 골짜기로 들어가더니, '삐이!' 휘파람을 불었다. 어디서 나타났는지 도깨비 떼가 비형랑을 에워쌌다. 그러더니 비형랑과 장난도 치고 춤도 추었다.

군사들은 후들후들 떨며 넋을 놓고 보았다. 닭 울음소리가 들리자 도깨비들은 사라지고 비

형랑은 궁궐로 돌아왔다.

군사들의 이야기를 들은 진평왕은 비형랑을 불러 물었다.

"네가 밤마다 도깨비들과 어울려 논다는 게 사실이냐?"

"그렇습니다, 폐하."

비형랑은 도깨비들이 못하는 게 없고 자신에게도 많은 재주를 가르쳐 주었다고 말했다.

"그게 사실이라면, 네가 도깨비들을 데리고 북천에 다리를 놓아 보아라."

비형랑은 그날 밤 도깨비들을 불러 모아 다리를 놓기 시작했다. 새벽 어스름이 되자 도깨비들은 사라지고, 북촌에는 튼튼한 다리가 놓여 있었다.

진평왕은 비형랑에게 물었다.

"내가 도깨비에게 일을 시켜보고 싶은데, 데리고 올 수 있겠느냐?"

"네, 폐하."

비형랑은 똑똑하고 충성스런 도깨비 길달을 데려왔다. 왕은 길달에게 궁궐 일을 도

맡아 처리하는 집사라는 벼슬을 내렸다. 길달은 까다롭고 힘든 일들을 빈틈없이 척척 해냈다. 흥륜사의 누각문도 하룻밤 사이에 지어 놓았다.

왕은 아들이 없는 신하 임종에게 길달을 양아들 삼게 했다. 그런데 길달은 옛날이 그리워 여우로 변신해 도망을 쳤다.

"길달이 도망을 쳤다고? 이런 배은망덕한 놈을 봤나!"

비형랑은 도깨비들을 시켜 길달을 죽였다. 이때부터 도깨비들은 비형랑의 이름만 들어도 두려워하며 멀리 달아났다.

깊이 생각해보기

비형랑은 정말로 잡귀신을 쫓아줬을까?

비형랑이 도망간 길달을 잡아 죽인 뒤로 신라 사람들은 비형랑에 관한 노래를 지어 대문에 붙였어요. '임금님 혼령이 아들을 낳았도다. 여기가 바로 비형랑의 집이니, 날뛰는 귀신들아, 이곳에 얼씬도 말아라!' 이 노래가 잡귀신을 쫓는다고 믿었던 거예요.

활솜씨로 용왕의 딸을 얻은
거타지

신라 51대 진성여왕 때는 나라가 무척 어지러웠다. 진성여왕은 유모인 '부호부인'과 유모의 남편 '위홍' 등 서너 명의 신하들을 유난히 아꼈다. 이들은 진성여왕을 믿고 제멋대로 권력을 휘둘렀다. 나라 안에는 도적들이 번번이 일어나 백성들은 사는 게 괴로웠다.

어느 날 저잣거리 주막 벽에 불교에서 사용하는 주문인 다라니가 적혀 있었다.

나무망국 찰니나제
판니판니소판니
우우삼아간 부이사바하

사람들은 무슨 뜻인지도 모른 채 그 말을 외고 다녔다. 소문을 들은 진성여왕은 다라니를 잘 아는 스님을 불러 뜻을 풀어보라고 했다.

"송구하오나 폐하, '나무망국'은 나라가 곧 망한다는 말입니다. '찰니나

제'는 폐하를 가리키는 말 같고, '판니판니소판니'는 소판 벼슬을 하는 두 사람 같고, '우우삼아간'은 아간 벼슬을 하는 세 사람인 듯합니다. 또 '부이'는 부호부인을 가리키는 것 같습니다."

풀이를 듣고 난 여왕은 노발대발 화를 냈다.

"그러니까 나와 몇몇 신하들과 부호부인이 나라를 망친다는 뜻이렷다? 어느 놈이 감히 나를 능멸하는 것이냐!"

"폐하, 이 기회에 범인을 잡아 본때를 보여 줘야 합니다."

못된 신하들이 여왕을 부추겼다. 평소 자신들과 뜻을 같이 하지 않던 왕거인을 지목한 것이다.

"왕거인이 아니고서야 누가 이런 글을 짓겠사옵니까?"

"오호라, 그 자를 당장 잡아 감옥에 가두어라!"

억울한 옥살이를 하게 된 왕거인은 답답한 마음에 하늘을 우러르며 시를 읊었다.

단의 울음에 무지개가 해를 뚫고
추연의 원한에 여름에도 서리가 내리네.
오늘 내 불행이 그들과 같은데
하늘은 어찌하여 벌을 내리지 않는가?

여기서 '단'은 중국 연나라의 태자를 말하는데, 진나라 시황제를 죽이려다 도리어 죽음을 당했다. '추연'은 중국 제나라 학자이자 충신이다. 그가 누명을 쓰고 감옥에 갇히자 여름에 서리가 내렸다고 한다.

왕거인의 읊조림이 끝나자 하늘에서 벼락이 치더니 감옥이 산산조각 났다. 진성여왕은 너무도 무서워 즉시 왕거인을 풀어 주었다.

어느 날, 진성여왕의 막내아들인 '양패'가 중국 당나라에 사신으로 가게 되었다. 배를 타고 가야 하는데, 난리를 치는 백제의 해적이 문제였다. 양패는 궁리 끝에 활 잘 쏘는 군사 50명을 뽑아 배에 태우고 갔다.

'곡도'라는 섬 근처에 닿았을 때 갑자기 큰 파도가 일었다. 양패는 섬에 머물며 파도가 잠잠해지기를 기다렸다. 열흘째 되던 날 밤, 양패의 꿈에 한 노인이 나타났다.

"활 잘 쏘는 사람 한 명을 섬에 남겨두면 파도가 잠잠해질 것이오."

꿈에서 깬 양패는 나뭇조각 50개에 활 잘 쏘는 사람 50명의 이름을 적었다. 그 나뭇조각들을 연못에 넣었더니, 49개는 떠올랐는데 한 개는 떠오르지 않았다. 떠오르지 않은 나뭇조각에는 '거타지'라는 이름이 적혀 있었다.

결국, 거타지만 남고 모두 배에 올랐다. 거짓말처럼 파도가 잠잠해졌다. 배는 미끄러지듯 당나라로 향했다.

배가 떠나자 거타지는 연못가에 털썩 주저앉았다. 그때 웬 노인이 연못에서 불쑥 나왔다.

"나는 서해 바다의 용왕이오. 날마다 해가 뜰 무렵이면 젊은 중 하나가 하늘에서 내려와 다라니 주문을 외우며 연못을 세 바퀴 도는데, 그때마다 우리 식구들이 물 위로 떠오른다오. 그러면 중이 잡아먹어 이제 남은 건

우리 부부와 딸 하나뿐이라오. 바라건대 내일 아침에 중이 나타나면 그대가 활로 좀 쏘아 주시오."

"세상에 그런 일이! 활 쏘는 일이라면 자신 있으니 제게 맡기십시오."

거타지는 연못가에 숨어 아침이 되기를 기다렸다. 해가 떠오르자 젊은 중이 나타나 주문을 외면서 연못을 돌았다. 과연 노인의 식구들이 물 위로 떠올랐다. 중이 군침을 삼키며 잡아먹으려고 할 때 거타지가 활시위를 당겼다. 화살을 맞은 중은 공중에서 재주를 두 바퀴 돌더니 이내 여우로 변했다. 화살을 맞은 늙은 여우는 죽고 말았다.

노인이 거타지에게 말했다.

"고맙소. 젊은이가 아니었으면 우린 모두 여우의 밥이 되었을 거요. 부탁이니 내 딸을 아내로 삼아 주시오."

노인은 딸을 꽃 한 송이로 만들어 거타지의 품속에 넣어 주었다. 그리고 용 두 마리를 불러 명령했다.

"너희는 이 분을 모시고 사신의 배를 따라가거라!"

용들은 쏜살같이 날아 거타지를 배에 내려 주었다. 용 두 마리는 배가 당나라에 닿을 때까지 안전하게 지켜 주었다.

"세상에나! 용이 신라의 배를 지키고 있어!"

당나라 사람들은 놀라서 황제에게 알렸다. 황제는 신라의 사신을 위해 큰 잔치를 베풀었다. 그리고 돌아올 때 금과 비단 같은 귀한 물건들을 선물로 주었다.

거타지는 신라로 돌아와 품속에서 꽃을 꺼냈다. 꽃은 곧 여자로 변했고, 둘은 혼인하여 오래오래 잘 살았다.

깊이 생각해보기 — 왕거인은 어떤 사람일까?

왕거인은 언제 태어나서 언제 죽었는지 밝혀지지 않았어요. 진성여왕 시절에 글을 잘 짓기로 소문난 문인으로 대야주에서 은거하며 지냈어요. 진성여왕과 중앙 귀족들의 횡포를 비판한 대표적인 인물이에요.

밀본에게 꼼짝 못한
귀신들

　신라 27대 선덕여왕이 병을 앓고 있을 때였다. 의원들이 온갖 약을 다 써보았지만 오랫동안 낫지 않았다.
　"폐하, 흥륜사의 법척 스님이 병을 잘 고친다고 하옵니다."
　여왕은 법척을 불러 고치도록 했지만 병은 더 나빠졌다. 이번에는 신하들이 '밀본'이라는 스님을 추천했다. 밀본은 온 나라를 돌아다니며 불법을 전하는 스님으로 유명했다.
　선덕여왕은 밀본을 궁궐로 불러 병을 치료하라 명했다. 밀본은 여왕의 침실 밖에서 〈약사경〉을 외기 시작했다. 그러자 이상한 일이 벌어졌다. 밀본이 지니고 있던 큰 지팡이가 쏜살같이 여왕의 침실 안으로 날아 들어 갔다.
　"으아악!"
　여왕의 비명이 울려퍼졌다. 침실로 날아든 지팡이가 늙은 여우와 법척을 찔러 뜰 아래로 내던져 버린 것이다. 법척은 이름 난 스님이 아니라 술수를 부리는 귀신이었다.

주위가 소란했지만 밀본은 합장한 채로 앉아 있었다. 밀본의 머리 위에는 신비스러운 빛이 서렸다. 그날로 선덕여왕의 병은 씻은 듯이 나았고 밀본은 더욱 유명해졌다.

한번은 이런 일도 있었다. 정승 벼슬을 한 김양도가 어렸을 때였다. 갑자기 입이 붙고 몸이 굳어 옴짝달싹하지 못하는 병에 걸렸다. 그때부터 김양도의 눈에는 이상한 것이 보였다.

'어머니, 아버지, 큰 귀신 하나가 작은 귀신 여럿을 거느리고 와 우리 음식을 모조리 맛보고 있어요.'

김양도는 소리치고 싶어도 말이 나오지 않아 괴로웠다.

하루는 김양도의 부모가 무당을 불러 굿을 하자 큰 귀신과 작은 귀신들이 몰려와 행패를 부리는 바람에 난리굿이 되었다.

어느 날 김양도의 아버지가 스님을 데려와 경을 읽게 했다. 어김없이 귀신들이 몰려왔다. 큰 귀신이 작은 귀신에게 스님을 쇠몽둥이로 치라고 했다. 귀신에게 머리를 얻어맞은 스님은 즉시 죽고 말았다. 김양도는 귀신들의 행패에 화가 났지만 쫓아낼 방법이 없었다.

얼마 뒤 김양도의 집에서는 밀본을 불러 오기로 했다. 밀본이 온다는 소식을 들은 귀신들은 안절부절 못했다.

"큰일이네. 밀본은 우리 같은 귀신을 내쫓는 데 도사잖아."

"그러게. 밀본한테 당하기 전에 어서 도망가자."

그 말이 끝나자마자 갑자기 사방에서 불법을 지키는 신들이 들이닥쳤다. 불법을 지키는 신들은 모두 쇠로 된 갑옷을 입고 긴 창으로 무장을 하고 있었다. 김양도의 집에 사는 귀신들은 하나도 빠짐없이 신들에게 잡혀 끌려갔다.

이윽고 밀본이 왔다. 김양도는 밀본이 〈약사경〉을 외기도 전에 얼어붙었던 입이 떨어져 말을 하게 되었고, 굳었던 몸이 풀려 자유롭게 움직일 수 있었다. 김양도는 감사하는 마음으로 흥륜사에 미륵보살을 바치고 한평생 부처를 성심으로 믿었다.

다음은 밀본이 금곡사에 살던 때의 일이다.

신라의 장군인 김유신의 친척 김수천이 고약한 병에 걸렸다. 김유신은 밀본에게 김수천을 치료해 달라고 부탁했다. 밀본이 김수천의 병을 살피고 있을 때 김수천의 친구인 '인혜'라는 스님이 찾아왔다. 인혜는 밀본을 보더니 거친 말을 쏟아냈다.

"생김새와 태도를 보니 아주 간사하고 아첨을 잘하게 생겼네 그려. 스님이랍시고 남의 병을 고쳐주는 척하지 마시오!"

밀본은 불쾌했지만 애써 참으며 공손하게 말했다.

"나는 김유신 장군의 명을 받고 왔을 뿐이오."

그러자 인혜는 의기양양하게 뽐을 내기 시작했다.

"내 신통력을 좀 볼 테요?"

인혜는 향을 피우고 주문을 외기 시작했다. 하늘에서 꽃이 눈처럼 쏟아져 내렸고, 신비스러운 구름이 인혜의 이마를 에워쌌다. 이를 본 밀본이 말했다.

"스님의 신통력은 참으로 대단합니다. 제게도 변변치 않은 재주가 하나 있는데, 한 번 보시겠습니까?"

밀본은 인혜 앞에 서더니 손가락을 딱 하고 튕겼다. 그러자 인혜의 몸이 공중으로 붕 떠올랐다. 한참을 공중에 떠 있던 인혜는 거꾸로 떨어져 내려왔다. 머리가 땅에 닿는 순간 말뚝처럼 콕 박히고 말았다.

사람들이 인혜를 잡아당겨 보았지만 꿈쩍도 하지 않았다. 인혜는 거꾸로 말뚝 박힌 채 하룻밤을 보냈다.

이튿날 병이 씻은 듯이 나은 김수천은 모든 사실을 김유신 장군에게 알렸다. 김유신 장군의 부탁을 받은 밀본은 그제야 땅에 박힌 인혜를 구해 주었다. 그 뒤로 인혜는 남을 깔보거나 함부로 재주를 뽐내고 다니지 않았다.

깊이 생각해보기

밀본이 병을 고치려고 외운 〈약사경〉이 뭘까?

〈약사경〉은 약사여래 부처의 경전이에요. 약사여래는 중생의 병을 고쳐주는 부처예요. 삼국 시대 때는 끊임없는 전쟁으로 인해 죽거나 병든 사람이 많았어요. 이때 약사여래의 이름을 외거나 〈약사경〉을 읽으면 병이 낫고 나라의 재난을 막을 수 있다고 믿었어요.

마마 귀신을 물리친
처용

신라 49대 헌강왕 때의 일이다.

하루는 왕이 신하들을 거느리고 바닷가에 나들이를 나갔다.

"모처럼 나왔으니 실컷 바닷바람을 쐬고 가야겠구나."

"그러십시오. 폐하의 은덕으로 올해는 비가 제때 내려 풍년입니다."

헌강왕이 바닷가를 거닌 뒤 자리를 털고 일어나려 할 때였다. 먹구름이 몰려오더니 안개가 짙게 끼어 주위가 캄캄해졌다.

"대체 이게 무슨 일이냐?"

"폐하, 이것은 동해 용왕의 장난이옵니다. 용왕을 달랠 만한 좋은 일을 해야 안개와 구름이 걷힐 것입니다."

천문을 맡은 관리가 대답했다. 고민 끝에 왕은 근처에 용왕을 위한 절을 지으라고 명했다. 그러자 구름이 걷히고 안개가 말끔히 사라지더니, 바닷물이 갈라지면서 흰 물줄기가 솟아올랐다. 무지갯빛 물보라 사이로 동해의 용왕이 일곱 아들을 거느리고 나타났다.

"나를 위해 절을 지어준다니 매우 기쁘오. 감사의 뜻으로 내 아들들이 춤과 노래로 보답하고자 하니 기쁘게 받아주시오."

신비로운 음악 소리가 흘러나오더니 일곱 아들이 노래를 부르고 덩실덩실 춤을 추었다. 헌강왕은 넋을 잃을 지경이었다.

춤과 노래가 끝나자 용왕은 아들들을 데리고 돌아가려고 했다.

"부탁이 있습니다. 아들 한 명을 데려가고 싶은데, 허락해 주시겠습니까?"

용왕은 잠시 생각에 잠겼다가 허락을 했다. 헌강왕은 아까 노닐 때 눈에 띄었던 한 명 앞으로 다가섰다.

"그대의 이름이 무엇이오?"

"처용이라 하옵니다."

"처용왕자, 그대를 내 곁에 두고 싶소."

"예, 따르겠사옵니다."

사실 처용은 오래 전부터 땅에서 사는 게 소원이었다.

용왕과 아들들은 처음 왔을 때처럼 갈라진 바다 속으로 사라졌다.

궁궐로 돌아온 헌강왕은 용왕과 약속한 대로 영취산 동쪽 기슭에 '망해사'라는 절을 지어 주었다. 망해사는 '멀리 바다를 바라보는 절'이라는 뜻이다.

처용은 소원대로 땅에서 살게 되어 기뻤다. 마음이 어질고 지혜도 뛰어나 왕의 일을 곧잘 거들었다. 기특하게 여긴 헌강왕은 처용에게 높은 벼슬을 내렸다.

"이제 결혼할 일만 남았네그려. 어울리는 처녀를 골라 줄 테니 잘살도록 하시오."

헌강왕은 처용을 결혼시켜 주었다.

"내가 이렇게 마음씨 곱고 어여쁜 부인을 만나다니, 꿈만 같소."

"저야말로 서방님처럼 훌륭한 대장부를 만난 게 꿈만 같습니다."

처용과 아내는 서로를 아끼며 사랑했다. 그런데 이들을 시기하고 질투하는 귀신이 있었다. 마마라는 병을 옮기는 나쁜 귀신이었다. 천연두라고도 부르는 마마는 잘못하면 피부가 얽어 곰보가 되는 병이었다.

"에잇, 약 올라. 나도 저렇게 예쁜 색시가 있었으면……."

귀신은 처용이 정답게 사는 게 샘이 났다. 그래서 처용의 아내를 빼앗기로 마음먹었다. 기회를 엿보던 귀신은 처용이 늦도록 돌아오지 않는 날 처용의 아내를 찾아갔다. 그리고 잠들어 있는 처용의 아내 옆에 몰래 누워 자는 척을 했다.

처용은 궐에서 좋은 일이 있어 밤늦도록 술을 마셨다. 돌아오는 길에 휘영청 밝은 달을 보니 기분이 좋아 어깨춤이 절로 났다. 그런데 집에 와 보니 대문이 활짝 열려있지 뭔가. 댓돌 위에는 아내의 신발과 낯선 신발이 나란히 놓여 있었다. 이상하게 여긴 처용은 방 문을 열어보았다. 이불 밖으로 아내의 두 다리와 커다랗고 낯선 두 다리가 보였다.

자는 척을 하던 마마 귀신은 처용이 난리를 친 뒤 아내를 내쫓기만을 기다렸다.

'으흐흐, 어서 화를 내 보시지.'

그런데 이게 웬 일인가? 처용이 화를 내기는커녕 조용히 밖으로 나가더니 달빛 아래서 덩실덩실 춤추며 노래를 불렀다.

서라벌 밝은 달 아래 밤늦도록 놀다가 돌아와
자리를 보니 다리가 넷일세.
둘은 아내 것인데 둘은 뉘 것인가?
본디 내 아내지만 빼앗겼으니 어찌할꼬!

처용의 노래가 끝나자 마마 귀신은 벌떡 일어나 마당으로 나와 무릎을 꿇었다.

"그대의 아내가 탐이 나서 몰래 옆에 누웠소. 헌데 그대는 화를 내기는커녕 춤과 노래로 마음을 달래다니……. 그 담대함과 너그러움에 감동했소. 맹세컨대 다시는 그대 주변에 얼씬거리지 않으리다."

마마 귀신은 두 손을 싹싹 빌고는 멀리 달아났다. 그 뒤부터 사람들은 나쁜 귀신을 물리치고자 할 때 처용의 얼굴을 그려 대문에 붙여 놓았다.

깊이 생각해보기

〈처용무〉가 유네스코 세계무형유산이라고?

1100년을 이어온 〈처용무〉는 궁중 잔치나 섣달그믐 무렵에 역병을 일으키는 귀신을 내쫓기 위해 추던 춤이에요. 원래 검은 탈을 쓰고 한 명이 추었는데, 조선시대 세종 때부터 다섯 명이 추는 춤으로 바뀌었어요. 처용무는 예술적 가치를 인정받아 2009년에 유네스코 세계무형유산으로 지정되었답니다.

노힐부득과 달달박박

옛날 백월산 동남쪽 선천촌이라는 마을에 노힐부득과 달달박박이 살았다. 두 사람은 어려서부터 형제처럼 지내며 같이 공부도 하고 농사일도 했다.

하루는 달달박박이 노힐부득을 찾아와 말했다.

"결혼해서 농사지으며 편히 사는 것도 좋지만, 좀 더 보람 있게 살 길은 없을까?"

"나도 요즘 어떡하면 가치 있게 살 수 있는지 고민 중일세."

그날 밤 부득은 희한한 꿈을 꾸었다. 어스름 달빛 한가운데로 황금빛 기다란 팔이 내려오더니 부득의 이마를 어루만졌다. 정신을 잃을 정도로 황홀해 하다가 문득 눈을 떴다.

'아, 꿈이었구나! 그런데 황금빛 손길이 너무도 생생해. 대체 무슨 꿈일까?'

날이 밝자마자 박박을 찾아간 부득은 깜짝 놀랐다. 박박도 똑같은 꿈을 꾼 것이다.

"이보게, 이건 하늘이 내린 계시인 것 같네."

"나도 그렇게 생각해. 우리 같이 불법 공부를 해 보세."

그날로 둘은 집을 떠나 백월산 무등 골짜기로 들어갔다.

"박박, 난 북쪽 사자바위 밑에 암자를 짓겠네."

"난 동쪽 고개 돌무더기 아래 물이 흐르는 곳에 짓겠네."

박박과 부득은 갈림길에서 서로 헤어졌다. 각자 정한 장소를 찾아 암자를 지은 뒤 날마다 불경을 외며 도를 닦았다.

3년째 되던 해 4월 초파일이었다. 해가 저물었을 때 웬 여인이 박박을 찾아와 말했다.

"스님, 죄송하지만 하룻밤만 재워 주십시오. 날이 어두워 갈 길이 아득해서 그럽니다."

"여긴 도를 닦는 암자입니다. 여인네가 머물 곳이 아니니 어서 가십시오."

박박은 냉정하게 문을 닫고 들어가 버렸다. 여인은 터벅터벅 걸어 부득의 암자에 닿았다.

"스님, 죄송하지만 하룻밤만 재워 주십시오. 날이 어두워 갈 길이 아득해서 그럽니다."

"보다시피 이곳은 여인네가 머물만한 곳이 못 됩니다. 허나 날이 어두웠으니 일단 안으로 들어오시지요."

부득은 공손히 여인을 맞아 암자에 머물도록 했다. 그리고 여느 때와 마찬가지로 밤새 염불을 외웠다. 막 새벽이 오려는데 여인의 다급한 목소리가 들려왔다.

"스님, 곧 아이를 낳을 것 같습니다. 짚자리 좀 준비해 주십시오."
놀란 부득은 여인이 아이를 낳을 수 있도록 도왔다.
"스님, 부탁 하나가 더 있습니다. 몸을 씻고 싶은데 도와주실 수 있으신지요?"

부득은 몹시 난처했다. 마음속에 민망함과 두려움이 번갈아 일어났다.
'이를 어쩐다, 아니지. 도를 닦는 사람은 남자 여자를 가려서는 안 돼. 중생은 다 같은 중생이야. 남녀노소가 따로 없다고.'

부득은 생각을 정리한 뒤 통에 물을 채워 여인을 씻어 주었다. 그런데 이게 어찌된 일인가! 목욕통 속 물에서 강한 향기가 풍기더니 갑자기 물이 금빛으로 변했다. 부득이 쩔쩔매자 여인이 태연스럽게 말했다.

"스님도 옷을 벗고 이리 들어오세요. 어서요."

부득은 저도 모르게 옷을 벗고 목욕통 안으로 들어갔다. 그 순간 놀랍고 신비로운 일이 벌어졌다. 부득의 머리가 맑아지더니 살결이 점점 금빛으로 변했다.

"내, 내 몸이……."

신비로운 일은 그것만이 아니었다. 목욕통 옆에 부처님이

앉는 연꽃 모양의 받침대가 생겨나 있었다. 어느새 여인은 옷을 갖춰 입고 말했다.

"스님, 저는 관음보살입니다. 두 친구 분이 열심히 도를 닦는다기에 도우러 왔지요. 자, 저 연꽃 받침대에 앉으시지요."

그 말을 마친 뒤 여인은 바람처럼 훌쩍 사라져 버렸다.

아침이 되자 달달박박이 찾아왔다.

"부득이, 나 왔네. 혹시 어젯밤에 여인이 찾아오지 않았던가?"

박박이 부득을 불렀지만 아무런 인기척이 없었다. 박박은 부득이 여인의 꾐에 넘어간 게 아닌가 싶어 조심스레 문을 열었다. 그런데 이게 웬일인가? 방 안에 노힐부득이 금빛 광채를 내며 미륵 부처님이 되어 연꽃 받침대 위에 앉아 있었다. 박박은 저도 모르게 두 손을 모아 합장했다.

"나무관세음보살, 그런데 이게 어찌된 일입니까?"

"간밤에 관음보살님을 뵀지 뭔가."

부득이 간밤에 있었던 일을 말하자, 박박은 가슴을 치며 후회했다.

"관음보살님을 만나고도 알아 뵙지 못하다니. 그간 내 공부는 헛것이었군."

그 모습을 본 부득은 온화한 미소를 띠며 박박에게 말했다.

"여보게, 목욕통 안에 금물이 아직 남아있네. 어서 옷을 벗고 들어가 보게."

달달박박은 얼른 옷을 벗고 목욕통 안으로 들어갔다. 금물이 스며들어 살결이 온통 금빛으로 빛났다. 둘은 아미타불이 되어 서로 마주 보고 앉았다.

노힐부득과 달달박박이 부처가 되었다는 소문이 온 나라에 퍼졌다. 사람들은 다투어 와서 두 부처에게 기도를 올렸다. 구름떼처럼 모여든 사람들에게 두 부처는 불법을 전했다. 그리고 마지막으로 당부의 말을 남겼다.

"대자대비하신 부처님의 가르침을 잊지 마시오."

"날마다 부처님 말씀을 실천하며 사시오."

두 부처는 구름을 타고 멀리멀리 떠나갔다.

깊이 생각해보기

관음보살은 누구일까?

불교에서 아미타불은 부처를 뜻하고, 관음보살은 아미타불을 돕는 보살을 말해요. 관음보살은 중생이 부처가 되기 위해 도를 닦을 때, 열심을 다한 중생을 찾아가 소원을 이루어주는 역할을 한답니다.

해와 달을 비추는
연오랑과 세오녀

신라 8대 아달라왕 때의 일이다.

동해 바닷가에 가난하지만 다정한 부부가 살았다. 남편 연오랑은 바다에 나가 고기를 잡고, 아내 세오녀는 집에서 바느질하고 살림도 잘 꾸려 나갔다.

하루는 연오랑이 여느 때처럼 아침 일찍 밥을 먹고 고기를 잡으러 나갔다. 그런데 한나절이 지나도록 물고기를 한 마리도 잡지 못했다.

"이러다 빈 손으로 돌아가게 생겼네."

연오랑은 미역이라도 따 가려고 바위에 신을 벗어 놓고 물 속으로 들어갔다. 한창 미역을 따고 있는데, 발을 딛고 있던 바위가 물 위로 떠올랐다. 그러더니 물결을 따라 둥실둥실 떠내려갔다. 바위는 점점 육지에서 멀어져 갔다.

"사람 살려! 사람 살려!"

목이 터져라 불러도 사람의 그림자는 보이지 않았다. 연오랑은 집에서 눈이 빠지게 기다릴 세오녀를 생각하니 눈물이 왈칵 쏟아졌다. 그때 갑자기 물살이 빨라지면서 바위가 점점 동쪽으로 떠밀려갔다. 바위가 향하는 곳은 신라에서 멀리 떨어진 낯선 섬나라였다.

"앗, 저기 섬이 있잖아!"

연오랑은 마음이 조금 놓였다. 섬나라 사람들이 연오랑을 보며 한 마디씩 했다.

"웬 사람이 바위를 타고 이리로 오고 있어!"

"바위를 타고 바다를 건너다니, 보통 사람은 아닌 것 같은데."

마침내 연오랑이 바위에서 내려 땅으로 올라서자 사람들이 모두 엎드려 절을 올렸다.

"대체 여긴 어디입니까?"

연오랑이 묻자 한 노인이 고개를 들고 말했다.

"여긴 '왜'라는 나라이옵니다. 우리나라에 아직 임금이 안 계시어, 하늘이 저희에게 나리를 보내주신 것 같사옵니다."

"아닙니다. 저는 신라에서 고기를 잡던 어부입니다."

연오랑은 솔직하게 자신을 밝혔다. 그러나 아무도 연오랑의 말을 믿지 않았다.

"저 작은 바위에 의지해 바다를 건널 수 있는 사람은 없습니다. 부디 우리의 임금이 되어 주십시오."

"저희를 버리지 마십시오."

사람들은 거듭 애원을 했다. 연오랑은 가만히 생각에 잠겼다.

'정말로 하늘의 뜻일까? 그래, 하늘의 뜻이 아니면 어찌 내가 바위를 타

고 여기까지 올 수 있었겠어.'

연오랑은 마침내 사람들의 뜻을 받아들여 일본의 왕이 되었다.

한편, 세오녀는 연오랑이 돌아오지 않자 바닷가로 뛰어나갔다. 목이 터지게 불러 보았지만 연오랑을 찾을 수는 없었다. 세오녀는 바위 위에 놓여 있는 신발 한 켤레를 가슴에 끌어안고 하염없이 울었다.

그때 갑자기 세오녀가 디디고 있던 바위가 저절로 움직이기 시작했다. 바위는 바다 한가운데로 둥실둥실 떠가더니 이내 동쪽으로 흘러갔다. 그러다가 어느 섬에 닿았다. 섬나라 사람들은 또 한 번 놀랐다.

"이상한 일도 다 있네? 지난번에 우리 임금도 바위를 타고 오셨는데……."

"하늘이 이번엔 왕비님을 보내 주신 것 같아."

섬 사람들은 세오녀를 극진히 맞아 연오랑에게 데려갔다.

"세오녀! 이게 꿈이오 생시오?"

"서방님! 살아계셨군요!"

연오랑과 세오녀는 얼싸안고 반가움의 눈물을 흘렸다. 얼마 뒤 연오랑은 세오녀를 왕비로 맞이했다.

"대왕폐하 만세! 왕비마마 만세!"

섬나라 사람들은 잔치를 열어 임금과 왕비를 축하해 주었다.

그런데 연오랑과 세오녀가 떠난 뒤 신라에는 큰 일이 벌어졌다. 하늘의 해와 달이 빛을 잃어 대낮에도 밤처럼 어두웠던 것이다. 낮이 밤처럼 어두우니 도둑 떼가 날뛰었다.

아달라왕은 이리저리 까닭을 알아보다가 점쟁이를 불러 물었다.

"대체 이게 어찌된 일이냐?"

"폐하, 해와 달의 빛을 내는 힘이 연오랑과 세오녀를 따라 왜 나라로 가 버렸습니다."

"뭣이라고? 지금 당장 사신을 보내 연오랑과 세오녀를 데려오너라!"

아달라왕의 뜻을 전해 들은 연오랑이 사신에게 말했다.

"내가 이 나라에 온 것은 하늘의 뜻이오. 그 뜻을 어찌 거역할 수가 있겠소. 대신 이걸 줄 테니, 가져가서 하늘에 제사를 올리시오. 해와 달이 예전처럼 다시 빛을 찾을 것이오."

연오랑이 사신에게 건넨 것은 세오녀가 짠 비단이었다.

아달라왕은 연오랑이 보낸 비단을 하늘에 바치며 정성껏 제사를 올렸다. 그러자 해와 달이 전처럼 밝게 비추었다.

"오호, 신통한 일이로다! 연오랑과 세오녀는 하늘이 내린 분이 맞구나."

신라의 왕은 연오랑이 보낸 비단을 나라의 보물로 삼고, 하늘에 제사 지내는 일을 잊지 않았다.

깊이 생각해보기

신라 때 정말로 일본에 우리 문화를 전해 줬나?

신라는 아달라왕 때부터 조금씩 안정을 찾았어요. 아달라왕은 길을 닦고, 지방에 백성을 다스리는 관청을 세우는 등 나라의 힘을 키웠어요. 또한, 왜에 사신을 보내 우리 문화를 전해 주고 관계를 맺었어요. 그 증거가 바로 연오랑과 세오녀 이야기예요.

하늘나라와 인간세계를 넘나든
표훈

신라 35대 경덕왕에게는 고민이 한 가지 있었다. 왕의 몸집이 너무 크다 보니 왕비와의 사이에 아이가 없었던 것이다.

왕과 왕비뿐만 아니라 대신들의 걱정도 이만저만 아니었다.

"폐하께서 아직 왕자를 보지 못하셨으니 큰일이 아니오."

"그러게 말입니다. 혹시 왕비 마마의 덕이 부족하여 이 지경이 된 것이 아닐까요?"

대신들은 경덕왕에게 새 왕비를 맞이하라고 아뢰었다. 대신들은 서불한 의충의 딸을 새 왕비로 추천했다. 경덕왕은 대신들의 뜻에 따라 첫째 왕비를 내쫓고, 만월부인을 새 왕비로 맞아들였다.

그런데 왕과 새 왕비 사이에도 여전히 아이가 생기지 않았다.

"폐하, 표훈 스님을 만나보십시오. 의상 대사의 10대 제자 중 불법의 도를 높이 쌓은 분입니다."

"그분의 신통력은 하늘과 맞닿아 있어 못하는 게 없다고 합니다. 대를 이을 왕자 마마 문제를 의논해 보는 게 어떨까요?"

"지금 당장 표훈을 불러오라!"

경덕왕의 명을 받은 신하들은 금강산으로 가 표훈을 데리고 왔다.

"내가 복이 없어 둘째 왕비를 맞았음에도 아들이 없구려. 그대의 신통력이 하늘에 닿아 있다고 하니, 부디 하늘님께 부탁하여 아들을 낳게 해 주시오."

왕의 명령에 표훈은 몇날 며칠 어두운 동굴에 들어가 도를 닦았다. 그러던 어느 날, 마침내 하늘로 올라가 하늘님을 뵈었다.

"신라의 왕에게 부디 아들을 점지해 주십시오."

"어험, 신라의 왕은 아들을 낳을 사주가 아니니라. 딸을 점지해 줄 터이니 그리 알라."

하늘님의 이야기를 들은 표훈은 곧장 인간세계로 내려왔다. 그리고 경덕왕을 만나 하늘님의 계시를 전했다.

"제발 부탁이오. 딸을 아들로 바꾸어 달라고 한 번만 더 아뢰어 주구려."

경덕왕의 간절한 부탁에 표훈은 또 몇날 며칠 도를 닦은 뒤 하늘로 올라갔다. 경덕왕의 부탁을 전해 들은 하늘님이 말했다.

"딸을 아들로 바꾸어주는 것은 어렵지 않다. 허나 왕의 사주에 없는 아들을 얻었다가는 큰 화를 입게 될 것이다."

"큰 화라니요? 그게 무엇입니까?"

표훈은 머리를 조아리고 물었다.

"왕과 왕자 모두에게 좋지 않은 일이 벌어져 나라가 위태로워질 것이다."

하늘님의 계시를 받은 표훈은 바윗돌이 얹어진 것처럼 마음이 무거웠다. 모든 사실을 왕에게 전하기 위해 인간세상으로 내려오려는데, 하늘님이 다시 표훈을 불렀다.

"앞으로는 이곳에 얼씬하지 말라. 그동안 너의 덕이 높아 받아주었는데, 하늘나라와 인간세상은 마음대로 왕래할 곳이 아니다. 헌데 너는 이웃 마을을 오가듯이 자유로이 넘나들며 천기를 누설하고 있구나."

따끔한 질책을 듣고 돌아온 표훈은 모든 사실을 경덕왕에게 아뢰었다. 그리고 하늘님이 점지해 주신 대로 딸을 낳으라고 권했다. 왕은 끝끝내 아들을 얻겠다는 고집을 꺾지 않았다.

"나라가 위태로운 한이 있더라도 나는 아들을 낳아 대를 잇고 싶소. 어서 하늘님께 기도를 올려 주시오."

"천지신명이시여, 신라의 왕께 아들을 내려 주시옵소서."

표훈은 하늘로 직접 올라가지 않고 기도만 올렸다.

얼마 뒤 만월부인의 배가 점점 불러왔고 열 달이 되자 아들을 낳았다.

"드디어 내가 왕자를 보았구나. 이 기쁜 소식을 만백성에게 알려라!"

왕은 기쁨에 들떠 잔치를 벌였다. 아들의 이름은 '건운'이라 지었다. 그런데 어찌된 일인지 왕자는 여자아이들이 하는 놀이와 비단주머니 차기를 좋아했다. 경덕왕은 걱정이 되어 표훈을 불러 물었다.

"왕자가 어찌 공주들이나 하는 걸 좋아하는 것이오?"

"공주로 태어나야 하는데 왕자로 바뀌어서 그런 것입니다."

왕은 하늘의 뜻을 거스른 죄를 알기에 속으로 눈물을 삼킬 수밖에 없었다. 그런데 건운이 여덟 살이 된 해에 경덕왕은 갑자기 병을 얻어 저세상으로 떠났다.

　건운은 신라 36대 혜공왕이 되었다. 여덟 살에 왕이 되다 보니 할 줄 아는 게 아무것도 없었다. 그래서 만월부인이 대신 나라를 다스렸다. 하지만 제대로 정치를 하지 못해 도둑들이 벌떼처럼 일어나고 나라 안팎이 어수선했다. 대신들 사이에서 왕이 되려고 반란을 일으키는 무리까지 생겨났다.

　표훈은 나라의 기운이 점점 기울어 가는 게 안타까웠다. 하늘로 올라가 신라를 지켜달라고 부탁하고 싶었지만 하늘님의 계시를 어길 수는 없었다.

　'부디 폐하께서 만수무강하셔야 할 텐데…….'

　표훈은 왕이 곧 목숨을 잃게 된다는 사실을 꿰뚫고 있었다. 아니나 다를까, 혜공왕은 왕이 된 지 16년 만에 반란을 일으킨 김경신과 김양상에게 죽임을 당하고 말았다.

깊이 생각해보기

혜공왕이 정말로 남자를 좋아했을까?

혜공왕은 돌 때부터 여자애처럼 행동하고 여자처럼 옷 입기를 좋아했대요. 왕이 되어서도 자주 여자 옷을 입고 치장을 한 뒤 도사들과 어울렸어요. 그러자 왕의 자리를 노리던 신하들이 표훈 스님의 예언을 퍼뜨려 왕이 나라를 위태롭게 만든다며 죽였답니다.

4장

신비롭고 놀라운 이야기

거문고 집을 쏘아라!

신라 21대 비처왕이 왕이 된 지 10년 째 되는 해였다.

당시 신라는 고구려, 백제와 늘 싸웠기 때문에 한시도 편할 날이 없었다. 왕의 시름은 날이 갈수록 깊어졌다.

어느 날 왕비가 왕에게 걱정스레 말했다.

"폐하, 안색이 너무 안 좋습니다. 이러다가 병이라도 얻으시면 큰일이 아닙니까? 부디 하루라도 날을 잡아 경치 좋은 곳에 가서 푹 쉬고 오십시오."

"말이 나온 김에 당장 떠납시다. 왕비도 채비를 하시구려."

"폐하, 저는 오늘 몸이 안 좋아서 함께 떠날 수가 없을 것 같사옵니다. 제 걱정은 마시고 다녀오십시오."

하는 수없이 왕은 왕비를 두고 신하들과 함께 떠났다.

'천천정'이라는 정자에 다다른 왕은 홀로 조용히 주변을 거닐었다. 그때 어디선가 까마귀 한 마리가 날아와 왕의 주위를 돌며 시끄럽게 울어댔다.

"까악 까악, 까악 까악!"

왕은 까마귀 소리가 귀에 거슬려 신하를 불렀다.

"여봐라, 저 소리가 너무 시끄럽구나. 냉큼 쫓아버려라!"

"네, 폐하."

신하는 손을 저어 까마귀를 쫓았다. 그러나 까마귀는 더 큰소리로 깍깍거렸다. 신하는 나뭇가지를 주워 휘둘렀다.

"이놈의 까마귀! 저리 가거라! 훠어이!"

바로 그때 어디선가 쥐 한 마리가 나타나 왕 앞으로 가서 말했다.

"까마귀가 따라오라고 하는 것입니다. 쫓아가 보십시오."

"쥐가 말을 하다니!"

왕은 너무 놀라 뒤로 주춤 물러섰다. 그러자 쥐가 다시 한 번 다급하게 말했다.

"까마귀가 날아갑니다. 어서 따라가소서!"

비처왕은 그제야 뭔가 이상하다고 여겨 군사에게 명령했다.

"어서 저 까마귀를 쫓아가 보아라!"

군사가 뒤따르자 까마귀는 힘차게 날개를 퍼덕이며 멀리멀리 날아갔다. 경주 남산 기슭에 이르렀을 때였다. 돼지 두 마리가 엉겨 붙어 싸우고 있었다.

"꿀꿀 꿀꿀꿀!"

돼지싸움에 정신이 팔린 군사는 그만 까마귀를 놓치고 말았다.

"이거 큰일 났군!"

까마귀를 찾아 이리저리 헤매다가 어느 연못에 다다랐을 때였다. 웬 노인이 연못 속에서 불쑥 나오더니 아무 말 없이 편지 한 통을 건넸다. 편지 겉봉에는 이런 말이 적혀 있었다.

'이 편지를 뜯어보면 두 사람이 죽고, 뜯어보지 않으면 한 사람이 죽는다.'

"이게 무슨 뜻입니까?"

군사가 고개를 들었을 때 노인은 사라지고 없었다. 놀란 군사는 편지를 들고 왕에게로 달려갔다. 겉봉에 적힌 글을 본 왕이 말했다.

"두 사람이 죽는 것보다 한 사람이 죽는 게 낫지."

비처왕은 편지를 뜯어보지 않았다. 그러자 점을 치는 관리가 다급하게 말렸다.

"폐하, 아니 되옵니다!"

점치는 관리는 심각한 표정으로 아뢰었다.

"아뢰옵기 황공하오나 폐하, 두 사람이란 일반 사람을 말하는 것이고,

한 사람은 폐하를 뜻하는 것입니다."

"뭣이?"

비처왕은 서슴없이 편지 봉투를 뜯어보았다. 그 안에 이런 말이 적혀 있었다.

'거문고 집을 쏘아라.'

비처왕은 곧 말을 달려 궁궐로 향했다.

"활을 가져오너라!"

왕은 궁궐 안에 있는 거문고 집을 향해 화살을 날렸다. 화살이 꽂히자 거문고 집 안에서 비명이 울렸다.

"으아악!"

"저걸 열어 보아라!"

왕의 명령에 신하들이 거문고 집을 열었다. 놀랍게도 그 안에 두 사람이 있었다. 한 사람은 왕비이고, 다른 한 사람은 궁궐 안에서 지내던 승려였다. 승려는 화살에 맞아 피를 흘리고 있었다.

"도대체 어찌된 일이냐?"

화가 난 왕이 추궁했다. 알고 보니 왕비와 승려는 반란을 일으킬 계획을 세우

고 있었다. 왕이 돌아왔을 때 죽이려고 거문고 집 속에 숨어 있었던 것이다.

화가 난 비처왕은 그 자리에서 승려와 왕비를 처형했다.

이후 노인이 나와 편지를 전해 주었던 연못의 이름은 '서출지'라고 이름 붙여졌다.

> **깊이 생각해보기** **거문고 집 사건 이후 우리나라에 풍속이 생겼다고?**
>
> 비처왕이 반란을 막은 이때부터 우리나라 풍속에 매년 정월 첫째 돼지의 날과 첫째 쥐의 날, 첫째 말의 날에는 모든 일에 조심하여 함부로 행동하지 않는 풍속이 생겼어요. 그리고 16일을 까마귀 제삿날이라 하여 찰밥으로 제사를 지내 주었답니다.

자라가 준 신기한 구슬

신라 38대 원성왕 때의 일이다.

원성왕은 어렸을 적부터 부처의 가르침을 잘 따랐다. 왕이 되어서도 불경 읽는 일을 게을리하지 않았다. 그것으로 모자라다는 생각이 들자 황룡사에 있는 지해 스님을 불러 50일간 〈화엄경〉 강의를 해 달라고 부탁했다.

지해 스님은 어린 중 묘정을 데리고 궁궐로 와 왕에게 부처의 말씀을 전했다. 묘정은 지해 스님을 모시며 제 할 일을 하느라 바빴다. 스님이 식사를 하고 나면 금빛 나는 우물이란 뜻의 '금광정'에 가서 그릇을 씻었다.

하루는 우물 한가운데서 자라 한 마리가 헤엄치는 게 보였다.

"자라야, 밥은 먹었니?"

묘정은 남은 밥을 자라에게 주었다. 그러자 다음 날도 그 다음 날도 자라가 나타났다. 묘정은 일부러 자신의 밥을 남겨 자라에게 주기도 했다.

하루는 묘정이 자라에게 밥을 주며 말했다.

"너를 볼 날도 이제 얼마 남지 않았구나. 우리 큰스님이 설법을 마칠 때가 되었거든."

그러면서 투덜거리듯 짓궂게 몇 마디를 더했다.

"자라야, 너는 은혜도 모르는 것 같구나. 내가 수십일 동안 먹을 것을 주며 덕을 베풀었는데, 너는 어찌하여 내게 아무것도 갚지 않는 것이냐?"

묘정의 말을 들은 자라는 갑자기 사라졌다. 다음 날 자라가 나타나 입에서 작은 구슬 하나를 토해 내어 주었다.

"우와, 어여쁜 구슬이네!"

묘정은 구슬을 허리띠 끝에 찼다. 그런데 구슬이 생긴 뒤로 이상한 일이 생겼다. 지금까지 한 번도 묘정에게 관심을 두지 않던 원성왕이 아는 체를 한 것이다.

"저 아이를 내 곁에 두고 싶으니 설법이 끝나더라도 데려가지 마시오."

"네, 폐하. 그리하겠습니다."

지해 스님은 묘정을 두고 황룡사로 돌아갔다. 왕뿐만 아니라 궁궐의 모든 사람이 묘정을 좋아하고 아껴 주었다. 잡찬 벼슬에 있는 대신이 당나라에 사신으로 가게 되었다. 대신은 묘정을 데려가고 싶다고 왕에게 아뢰었다.

"폐하, 묘정을 데려가면 큰 도움이 될 것 같습니

다. 허락해 주십시오."

"그리하도록 하라."

대신은 묘정을 데리고 당나라로 떠났다. 그런데 묘정을 본 당나라 황제 역시 그를 무척 아꼈다. 신하들도 하나같이 묘정을 믿고 좋아했다.

그러던 어느 날, 관상을 보는 신하가 조심스레 황제에게 말했다.

"폐하, 신라에서 온 어린 중 묘정에 대해 드릴 말씀이 있습니다."

"해 보아라."

"묘정을 본 사람들은 누구나 그를 좋아하고 따릅니다. 헌데 아무리 관상을 살펴보아도 좋아할만한 구석이 눈곱만큼도 없습니다. 제 생각에는 묘정이 뭔가 특별한 물건을 가지고 있는 것 같습니다. 짐을 검사해 보십시오."

"음, 알겠다."

황제는 조사관을 시켜 묘정의 짐을 검사하도록 했다. 그런데 특별한 것은 나오지 않았다.

"폐하, 묘정의 몸도 살펴봐 주십시오."

조사 끝에 결국 묘정의 허리띠 끝에서 작은 구슬이 나왔다. 구슬을 본 황제는 화가 나서 소리쳤다.

"이건 내가 잃어버린 여의주가 아니냐?"

"그렇사옵니다, 폐하. 폐하께서는 여의주 네 개를 가지고 계셨습니다. 그런데 지난해에 한 개를 잃어버리고 상심이 크셨지요."

"저 자가 폐하의 여의주를 허리춤에 차고 있을 줄 누가 알았겠습니까?"

"신라에서 온 도둑을 엄벌하십시오."

신하들은 묘정을 처형하라고 입을 모았다.

놀란 묘정은 머리를 조아리고 벌벌 떨며 말했다.

"폐하, 저는 이 구슬을 신라의 금광정에 있는 자라에게서 얻었습니다."

묘정은 구슬을 얻게 된 일을 한 치의 거짓도 없이 낱낱이 아뢰었다.

말을 듣고 난 황제가 입을 열었다.

"내가 구슬을 잃어버린 날과 네가 구슬을 얻은 날이 같구나. 자라가 내 여의주를 훔쳐다가 네게 준 것이다. 만약 네가 자라에게 베풀어준 은혜를 갚으라고 하지 않았다면 이런 일은 벌어지지 않았을 것이다. 부처님의 가르침을 행하는 중이 어찌 그런 짓을 저지른단 말이냐. 그 죄가 크긴 하나 여의주를 찾았으니 이번만 용서해 줄 것이다. 다시는 그런 죄를 짓지 말도록 하라."

"네, 폐하. 명심 또 명심하겠습니다."

묘정은 몇 번이고 절을 올렸다.

황제는 구슬을 빼앗은 뒤 묘정을 신라로 돌려보냈다. 신기하게도 그 뒤로는 아무도 묘정에게 관심을 갖거나 아껴주는 이가 없었다. 깊이 깨달은 묘정은 불법의 도를 닦는 일에 더욱 매달렸다.

노인과 용 그리고 수로부인

신라 33대 성덕왕 때의 일이다.

순정공이 강릉 태수가 되어 아내와 함께 강릉으로 가는 길이었다. 순정공의 아내인 수로 부인은 아름답기로 소문이 나 있었다.

한낮이 되어 순정공과 수로 부인은 바닷가에서 점심을 먹었다. 그곳은 깎아지른 듯한 절벽이 마치 병풍처럼 둘러쳐져 있었다. 수로 부인은 주위를 둘러보다가 높이 솟은 바위 위에 홀로 피어 있는 철쭉을 발견했다.

"참 곱기도 하지. 어떻게 저리 높은 곳에 피었지?"

수로 부인은 철쭉에 그만 넋을 잃고 말았다.

"누가 저 꽃을 좀 꺾어다 주겠소?"

수로 부인이 주위 사람들을 보며 말했으나 누구도 선뜻 나서지 않았다. 낭떠러지에 오르기도 힘들거니와 자칫 발을 헛디뎠다가는 바다에 빠져 목숨을 잃을 수 있었다.

수로 부인은 한 번 더 간절하게 부탁해 보았다.

"저 꽃을 따다 줄 사람이 아무도 없는 겁니까?"

"마님, 너무 위험합니다."

"목숨을 잃을 수도 있습니다."

하인들은 눈치를 보며 슬금슬금 피했다. 실망한 부인은 밥도 먹지 않은 채 절벽 위만 바라보았다. 그때 암소를 몰고 지나가던 노인이 걸음을 멈추고 물었다.

"이토록 아름다운 분의 얼굴에 웬 수심이 그리 가득한지요?"

"저 꽃을 갖고 싶은데 가질 수가 없네요."

그러자 노인은 수로 부인을 향해 〈헌화가〉를 지어 불렀다.

붉고 짙은 바위 끝에 잡은 암소 놓게 하시고
나를 부끄럽다 아니하시면 꽃을 꺾어 바치오리다.

노래를 마친 노인은 암소를 나무에 묶어 놓고 바위를 타기 시작했다. 너무 아찔하여 쳐다볼 수도 없었다. 절벽으로 올라간 노인은 마침내 철쭉을 꺾었다.

노인은 꽃을 들고 내려와 수로 부인 앞에 무릎을 꿇었다. 수로 부인의

얼굴에 환한 미소가 떠올랐다. 노인은 수로 부인에게 꽃을 바친 후, 암소를 몰고 사라졌다.

노인이 누구인지 궁금했지만 아무도 노인에 대해 아는 사람이 없었다.

다시 길을 떠난 순정공 일행은 이틀 뒤에 '임해정'이라는 정자에 다다랐다. 이번에도 일행은 점심을 먹기 위해 모두 둘러앉았다. 그때 갑자기 바닷속에서 커다란 용이 나타나 눈 깜짝할 사이에 수로 부인을 채갔다. 수로 부인이 아름답다는 소문을 듣고 벼르고 있었던 것이다.

"저, 저 놈을 잡아라!"

순정공이 소리쳤지만 용은 이미 가 버린 뒤였다. 순정공 일행은 어안이 벙벙하고 허탈하여 말을 잃고 말았다. 그때 지나가던 한 노인이 걸음을 멈추고 물었다.

"혹시 무슨 일이 있습니까?"

"바다의 용이 부인 마님을 잡아갔습니다."

하인의 힘없는 대답에 노인이 말했다.

"옛말에 이르기를 여러 사람의 말은 쇠 같은 물건도 녹인다고 하였습니다. 바다의 용인들 여러 사람의 입을 무서워하지 않겠습니까? 마을 사람들을 불러 모아 다 같이 막대기로 언덕을 두드리며 노래를 지어 부르십시오. 반드시 부인을 찾을 수 있을 겁니다."

노인은 말을 마친 뒤 가 버렸다.

순정공은 하인들을 시켜 마을 사람들을 불러 모았다. 막대기를 들고 뛰어온 사람들에게 순정공은 〈해가〉를 만들어 부르게 했다.

거북아, 거북아, 수로 부인을 내놓아라.
남의 부인을 빼앗은 죄 얼마나 큰지 아느냐?
만약 내놓지 않으면 그물로 잡아서 구워 먹으리.

사람들은 막대기로 언덕을 두드리며 쉬지 않고 〈해가〉를 불렀다. 노래는 바다 깊은 곳까지 퍼져 들어가 용궁을 뒤흔들었다.

바다의 용은 시끄러워 견딜 수가 없었다. 게다가 사람들이 자신을 나쁜 용이라고 생각할까 봐 두려웠다. 하는 수없이 용은 수로 부인을 받들고 나왔다. 그리고 순정공 옆에 수로 부인을 앉힌 뒤 용궁으로 돌아갔다.

수로 부인을 다시 만난 순정공은 기뻐하며 물었다.

"바닷속 세상은 어떱디까?"

"바닷속 용궁은 일곱 가지 보물로 꾸며져 있었습니다. 음식은 달고 향기로웠는데, 인간 세상의 음식과는 사뭇 달랐습니다."

"과연 용궁은 다른가 보구려. 부인의 옷에서도 처음 맡는 향기가 풍깁니다."

순정공의 말처럼 수로 부인의 옷에서 신비로운 향기가 풍겨 나왔다.

이 일이 있은 뒤 수로 부인의 아름다움은 나라 안팎으로 퍼졌다. 그리고 수로 부인이 산이나 강을 지날 때마다 번번이 괴물들이 나타나 붙잡아가곤 했다.

깊이 생각해보기 — 옛날에는 어떤 여자를 미인이라고 했을까?

미인을 따지는 기준은 시대와 문화에 따라 달라요. 오늘날에는 날씬한 몸매와 긴 다리, 작은 얼굴에 큰 눈, 오똑한 코를 가진 여자를 미인이라고 해요. 그런데 옛날에는 얼굴도 몸도 통통한 여자를 미인으로 여겼어요. 당나라 현종 임금의 사랑을 한몸에 받았던 양귀비도 굉장히 통통했다고 해요.

임금님 귀는 당나귀 귀

신라 48대 경문왕 '응렴'은 왕이 되기 전에 화랑을 이끄는 대장이었다.

응렴이 스무 살이던 어느 날이었다. 당시 신라를 다스리던 헌안왕이 응렴을 불러 잔치를 베풀며 물었다.

"그대는 화랑들을 이끌고 여러 곳을 다녔지? 본 것 중에 마음에 깊이 남는 게 있었나?"

"행실이 아름다운 세 사람이 가장 기억에 남습니다."

"그 세 사람이 누구더냐?"

헌안왕은 크게 관심을 보였다. 그러자 응렴이 대답했다.

"첫 번째는 능력이 뛰어난데도 겸손하여 남의 아래에 있는 사람이었고, 두 번째는 돈 많은 부자이면서도 검소한 차림을 한 사람이었고, 세 번째는 권력이 있으면서도 남을 함부로 부리지 않는 사람이었습니다."

왕은 응렴이 사람을 제대로 볼 줄 아는 어진 젊은이라 여겼다.

"듣던 대로 아주 훌륭하군. 내 두 딸 중 한 명을 아내로 맞아주겠는가?"

"아내를 맞는 일을 혼자 결정할 수는 없사오니, 부모님과 의논할 시간을 주십시오."

응렴은 신중하게 대답하고 물러나왔다.

집으로 돌아온 응렴은 부모와 의논을 했다.

"듣자 하니 첫째 공주는 아주 못생겼다더라. 반면 둘째 공주는 꽃처럼 예쁘다더구나."

"기왕이면 얼굴과 마음이 모두 고운 사람이 낫겠지요?"

응렴은 둘째 공주를 아내로 맞기로 결심했다. 이때 응렴이 이끄는 화랑의 우두머리인 범교사가 찾아와 말했다.

"반드시 첫째 공주에게 장가드십시오. 그러면 좋은 일 세 가지가 생길 것입니다."

응렴은 이유를 묻지도 않고 범교사의 말에 따르기로 했다. 범교사는 평소 옳은 충고를 잘 해주기로 유명한 사람이기 때문이었다.

며칠 뒤 헌안왕이 응렴의 뜻을 물었다. 응렴은 첫째 공주를 아내로 맞겠다고 대답했다.

'오호, 예상과 달리 첫째를 선택했군. 덕분에 내가 한시름 놓았구나.'

헌안왕의 얼굴에 흐뭇한 미소가 번졌다.

응렴과 첫째 공주가 혼인을 한 몇 달 뒤, 헌안왕이 갑자기 몸져누웠다.

"아무래도 건강을 되찾기가 어려울 것 같구나. 내게는 아들이 없으니, 내가 죽거든 맏딸 남편인 응렴이 뒤를 잇도록 하여라. 응렴의 현명하고 어진 마음은 왕이 되기에 충분하다."

헌안왕이 세상을 떠나자 유언에 따라 응렴이 왕이 되었다.

경문왕 응렴은 범교사를 불러 예전에 말한 세 가지 좋은 일이 무엇인지 물었다.

"하나는 첫째 공주와 혼인하여 돌아가신 왕의 걱정을 덜어드린 것이고, 둘은 왕의 자리를 물려받은 것이고, 셋은 아름다운 둘째 공주도 이제 아내로 맞을 수 있게 된 것입니다."

"과연 그러하구나!"

경문왕은 범교사의 깊은 뜻에 고마워하며 큰 상을 내렸다.

그런데 언제부터인가 왕은 귀가 간질간질했다. 어느 날 자고 일어났는데 갑자기 귀가 나귀처럼 길어져 있었다. 놀란 왕은 아무도 모르게 왕관 만드는 노인을 불렀다.

"내 귀를 감출 수 있는 왕관을 만들도록 하라."

왕의 길쭉한 귀를 본 노인은 화들짝 놀랐다. 게다가 웃음이 터져 나오려고 해 견딜 수가 없었다.

"만약 이 사실을 세상에 알려졌다가는 네 목이 달아날 줄 알라!"

왕의 호통에 노인은 머리카락이 쭈뼛 섰다.

"귀에 딱 맞는 왕관을 만들어 올리겠나이다."

노인은 놀란 마음을 진정시켰다.

경문왕은 왕관이 만들어지기를 손꼽아 기다렸다. 며칠 뒤 노인이 커다란 왕관을 만들어 가지고 왔다. 왕관을 써 본 왕은 기뻐하며 안도의 한숨을 내쉬었다.

"후유, 이제야 마음이 좀 놓이는군. 이 비밀은 무덤까지 가져가야 하느니라."

"예, 폐하."

노인은 엎드려 절을 한 뒤 물러나왔다. 그런데 왕의 당나귀 귀를 생각하면 절로 웃음이 터져 참을 수가 없었다.

"으하하! 으하하하!"

자다가도 웃음이 나와 견딜 수 없었다.

"아이고, 죽겠네. 누구한테 말도 못하고. 이러다 병에 걸리겠어."

더 이상 참을 수 없었던 노인은 도림사의 대나무 숲으로 달려갔다. 그리고 답답한 속을 털어내기 위해 있는 힘껏 외쳤다.

"임금님 귀는 당나귀 귀! 임금님 귀는 당나귀 귀!"

대숲에서 마음껏 소리를 지르고 난 노인은 그제야 속이 후련했다. 하지만 그때부터 이상한 일이 벌어졌다. 바람만 불면 대나무 숲에서 이상한 소리가 들린 것이다.

"임금님 귀는 당나귀 귀! 임금님 귀는 당나귀 귀!"

이 소문은 나라 안에 순식간에 퍼졌다. 결국, 경문왕의 귀에까지 들어갔다.

"지금 당장 대나무를 몽땅 베어 버려라!"

명령을 받은 신하들은 도림사에 있는 대나무를 모두 없애 버렸다. 대나무를 베고 난 자리에는 산수유나무를 심었다. 그런데 이번에는 산수유나무 숲에서 이런 소리가 들려왔다.

"임금님 귀는 길쭉하다네!"

깊이 생각해보기

경문왕은 정말로 밤마다 뱀들과 잤을까?

《삼국유사》에 따르면 밤마다 경문왕의 잠자리에 수많은 뱀이 모여들었다고 해요. 신하들이 무서워서 쫓아내려고 하면 도리어 왕이 놔 두라고 했대요. 뱀이 없으면 편히 잠들 수가 없다고요. 뱀들이 혀를 내밀어 온 가슴을 덮으면 왕은 깊은 잠에 빠졌답니다.

누이동생을 왕비로 만든
김유신

신라의 김유신 장군에게는 보희와 문희라는 두 여동생이 있었다.

어느 날 밤, 언니 보희는 아주 이상한 꿈을 꾸었다. 산에 올라가 오줌을 누었는데, 그 오줌이 흘러내려 서라벌에 가득 찼던 것이다.

동이 트자마자 보희는 자고 있는 동생을 깨웠다.

"문희야, 일어나 봐. 간밤에 내가 꿈에서 산에 올라가 오줌을 누었는데, 그 오줌이 흘러내려 도성 안에 가득 찬 거야. 꿈이었지만 어찌나 부끄럽던지……."

보희는 두 손으로 얼굴을 감쌌다. 문희는 잠시 생각에 잠겼다가 이내 입을 열었다.

"언니, 그 꿈을 나한테 팔아요."

"뭐? 이렇게 망측한 꿈을 사겠다고?"

"네. 내가 가장 아끼는 비단치마를 줄게요."

문희는 비단 치마를 주고 언니의 꿈을 샀다.

문희가 보희의 꿈을 산 뒤 열흘이 흘렀다. 그날은 정월 대보름이었다.

김유신은 김춘추와 함께 집 앞에서 공을 찼다. 공차기가 한창일 때 김유신은 일부러 김춘추의 옷고름을 슬쩍 밟아 떼어 버렸다.

"이런, 놀이에 정신이 팔려 내가 큰 실수를 했습니다. 우리 집으로 가서 떨어진 옷고름을 달고 가시지요."

김유신은 김춘추를 데리고 자기 집으로 갔다.

김춘추는 용감하고 슬기로울 뿐만 아니라 장차 왕위에 오를 수 있는 왕족이었다. 이러한 사실을 잘 알고 있는 김유신은 김춘추가 자신의 누이동생들 가운데 한 명과 결혼하기를 바랐다. 그래서 일부러 김춘추의 옷고름을 밟아 뗀 뒤 집으로 데려간 것이다.

김유신은 김춘추를 자기 방으로 안내했다.

"여기서 잠깐 기다리시지요. 옷고름을 꿰맬 사람을 불러오겠습니다."

김유신은 언니 보희의 방으로 가서 말했다.

"오늘 내가 춘추공에게 큰 실수를 했단다. 공차기를 하다가 옷고름을 떼었지 뭐야. 부탁인데 내 방으로 건너가 춘추공의 옷고름을 좀 달아주겠니?"

"오라버니도 참. 아무리 오라버니와 가까운 분이라고 하지만, 남녀가 유별한데 어찌 한방에서 옷고름을 꿰맬 수가 있겠습니까?"

보희는 얼굴을 붉히며 절대로 할 수 없다고 못을 박았다. 하는 수없이 문희를 찾아갔다. 김유신에게 사정 이야기를 들은 문희는 흔쾌히 고개를 끄덕였다.

"알겠어요, 오라버니. 가서 옷고름을 달아 드릴게요."

문희는 김유신의 방으로 가 김춘추의 옷고름을 정성스레 꿰맸다. 다소곳하게 앉아 바느질하는 문희의 모습을 본 김춘추는 사랑에 빠지고 말았다. 집으로 돌아와서도 오직 문희 생각뿐이었다. 문희도 김춘추에게 마음을 빼앗겼다. 그리하여 둘은 남몰래 자주 만났다.

하지만 김춘추는 이미 결혼을 한 상태였고, 신분의 차이 때문에 결혼을 할 수가 없었다. 그런데 얼마 뒤 문희가 아기를 가졌다.

김유신은 어떻게든 둘을 결혼시키기 위해 궁리했다. 그러다가 좋은 꾀를 떠올렸다.

'맞아. 우리 신라에서는 처녀가 아이를 낳으면……'

당시 신라에서는 처녀가 아이를 낳으면 불에 태워 죽이는 관습이 있었다. 김유신은 집 앞마당에 문희를 세워 놓고 활활 불을 지폈다. 연기가 어찌나 심한지 멀리서 보면 불이 난 것처럼 보였다. 그런데 사실 김유신은 그날 자신의 집 근처에 선덕 여왕의 행차가 있다는 것을 알고 때맞추어 일을 벌인 참이었다.

김춘추와 여러 신하를 거느리고 나들이를 나왔던 선덕 여왕이 이 장면을 보게 되었다.

"저건 김유신 장군의 집에서 나는 연기가 아니냐? 무슨 일인지 알아보고 오너라."

왕의 명령을 받은 신하는 달려가 알아보았다.

"김유신 장군의 누이가 혼인도 올리지 않고 아이를 가져 불태워 죽이려 하고 있습니다."

"뭣이? 그 아이의 아버지가 누구라더냐?"

신하들은 서로 눈치만 살필 뿐 말을 하지 못했다. 사실 궁궐 안에는 이미 김춘추가 문희와 가깝게 지낸다는 소문이 돌고 있었다.

이때 뭔가 눈치를 챈 선덕 여왕이 다시 물었다.

"아이 아버지가 누구냐고 묻지 않느냐?"

"폐하, 접니다. 신분의 차이 때문에 정식으로 혼인을 올리지 못하고 그만……."

김춘추가 말을 잇지 못하자 선덕 여왕이 다급히 명령을 내렸다.

"뭣들 하느냐! 김유신 장군에게 내가 누이동생을 용서한다고 전하라."

왕의 명령이 떨어진 뒤에야 김유신은 피워 놓았던 불을 껐다. 그리고 김춘추와 문희는 왕이 보는 앞에서 정식으로 결혼식을 올렸다.

훗날 김춘추가 왕의 자리에 오르자 문희는 왕비가 되어 백성들의 사랑을 한몸에 받았다. 김춘추와 문희 사이에서 난 아들이 바로 문무왕이다.

깊이 생각해보기

문희는 왜 보희에게 오줌 꿈을 산걸까?

언니 보희에게 오줌 꿈을 산 문희는 뒷날 태종무열왕의 왕비인 문명왕후가 되었어요. 오줌을 누었는데 도성이 모두 잠겨 버린 꿈은 왕의 아이를 갖는다는 의미가 있다고 해요. 비단치마를 받고 꿈을 판 보희는 이를 한탄하다가 나중에 태종무열왕의 후궁이 되었답니다.

부처가 된 계집종
욱면

신라 35대 경덕왕 때의 일이다.

아간 벼슬에 있던 귀진의 집에 욱면이라는 계집종이 있었다. 욱면은 늘 주인을 따라 미타사에 다녀왔다. 단 하루도 빼놓는 날이 없었다. 그런데 미타사에 갈 때마다 불당에는 들어가지 못한 채 마당에 서서 스님의 염불을 따라했다.

법당 안에서 기도를 올리던 귀진은 밖에서 들리는 욱면의 목소리가 귀에 거슬렸다. 그날은 더더욱 신경이 쓰여 기도를 망치고 말았다.

화가 난 귀진은 집으로 돌아가는 길에 욱면에게 호통을 쳤다.

"한낱 종년 주제에 염불을 따라해? 대체 어디서 배워먹은 버르장머리냐!"

"정말 죄송합니다, 안 하려고 아무리 노력해도 잘 되지가 않아요."

욱면은 울먹이며 말했다. 귀진은 욱면이 몹시 밉살스러워 벌을 주기로 마음먹었다.

다음날 아침, 귀진은 욱면에게 곡식 두 섬을 내어 주며 말했다.

"오늘 안에 이걸 모두 찧어 놓도록 해라."

"네, 주인님."

욱면은 조금도 불평하지 않고 명령을 따랐다. 욱면은 일들을 어서 빨리 끝내 놓고 주인님을 따라 절에 갈 생각뿐이었다. 집안의 허드렛일을 도맡아 하면서 간간이 곡식을 찧었다. 잠시도 쉬지 않고 부지런을 떤 덕분에 곡식 두 섬을 초저녁에 모두 찧어 놓을 수 있었다.

"주인님, 절에 가실 시간입니다."

"맡은 일은 모두 끝낸 것이냐?"

"네. 밥 짓고, 빨래하고, 바느질하고, 자갈밭도 맸습니다. 아침에 내어 주신 곡식 두 섬도 모두 찧어 놓았고요."

"에헴!"

귀진은 할 말이 없어 헛기침을 한 뒤 미타사로 향했다. 욱면은 조용히 귀진의 뒤를 따랐다. 가는 내내 욱면의 입가에서 웃음이 떠나지 않았다. 온종일 일하느라 힘들었지만, 부처님을 만나러 간다고 생각하니 피곤이 싹 가셨다.

절에 다다른 귀진은 욱면을 노려보며 큰소리를 쳤다.

"오늘은 입도 벙긋하지 말고 기다려. 한 번만 더 염불을 따라했다간 가만두지 않을 거야. 알겠느냐?"

"네, 주인님. 분부대로 하겠습니다."

욱면은 땅바닥에 넙죽 엎드려 대답했다.

귀진은 뒤도 돌아보지 않고 법당 안으로 들어갔다. 귀진이 기도를 올리는 동안 욱면은 마당에 서서 입을 꾹 다물고 있었다. 그런데 자꾸 염불이 튀어나오려고 해 견딜 수가 없었다. 두 손으로 입을 막아 보았지만 저절로 튀어나오는 염불 때문에 안절부절 못했다.

"안 되겠어, 다른 수를 써야지."

욱면은 입에서 염불이 튀어나오지 않게 할 방법을 생각해냈다.

먼저 절 마당의 좌우에 긴 말뚝을 하나씩 세웠다. 그런 뒤 자신의 손바닥을 뚫어 줄을 꿰었다. 손바닥에서 피가 철철 흘렀다. 하지만 욱면은 하던 것을 멈추지 않았다. 손바닥에 난 구멍에 꿰어진 줄을 양쪽 말뚝에다 매어 놓고 합장을 한 채로 그 사이를 왔다갔다 오간 것이다. 살이 찢어지고 피가 나는 고통이 밀려왔지만 여전히 입에서는 저절로 염불이 튀어나왔다. 욱면은 울음 섞인 염불을 삼키느라 애를 먹었다.

그때 하늘에서 커다란 외침이 우렁우렁 울려 퍼졌다.

"욱면은 법당 안으로 들어가 염불하라!"

놀란 욱면은 하늘을 우러러 보았다. 법당 안에서 기도를 올리던 사람들도 놀라 뛰쳐나왔다.

"도대체 무슨 일이 일어난 거야?"

"에구머니, 저 계집종 좀 봐."

"손바닥에서 피가 철철 흐르잖아. 무슨 일이래?"

그러자 다시 한 번 하늘에서 큰 외침이 울렸다.

"욱면은 법당 안으로 들어가 염불하라!"

그 소리가 어찌나 크던지 하늘과 땅이 진동을 했다. 사람들은 벼락이

치는 줄 알고 몸을 움츠렸다.

　버선발로 마당에 나와 서 있던 스님이 물었다.

"그대가 욱면이오?"

"예, 그러하옵니다."

"어서 법당으로 들어가 염불을 하시오."

　스님이 욱면을 법당 안으로 데리고 들어갔다. 그리고 기도에 참여시켰다. 욱면은 참고 참았던 염불을 큰소리로 마음껏 외웠다. 욱면의 염불은 마치 음악처럼 아름다웠다.

　얼마의 시간이 흘렀을까?

　서쪽 하늘에서 신비로운 음악 소리가 들려왔다. 음악 소리는 욱면의 염불과 잘 어울렸다. 그때 갑자기 염불을 하던 욱면이 공중으로 솟구쳐 올랐다. 순식간에 천장을 뚫고 나간 욱면은 서쪽 하늘로 둥둥 떠갔다.

　한참을 떠가던 욱면은 마을을 벗어나자마자 인간의 몸을 버렸다. 계집종 욱면은 온 데 간 데 없이 사라지고 눈부시도록 아름다운 부처가 공중에 떠 있었다.

부처는 연꽃으로 만든 자리에 앉아 서쪽 하늘로 사라졌다. 그제야 신비로운 음악도 멈추었다.

깊이 생각해보기

욱면이 뚫고 나온 미타사의 지붕은 어떻게 되었을까?

욱면이 뚫고 나온 미타사의 지붕에는 한 아름이 넘는 구멍이 뚫렸다고 해요. 그런데 폭풍우가 몰아치거나 함박눈이 내려도 구멍으로 새어 들지 않았답니다. 욱면의 주인 귀진은 깊이 뉘우쳐 자기 집을 '법왕사'라 이름 짓고, 전 재산을 부처님께 바쳤다고 해요.

불기만 하면
나쁜 일이 해결되는 피리

신라 31대 신문왕 때의 일이다.

신문왕은 아버지 문무대왕을 위해 동해 바닷가에 '감은사'라는 절을 지었다. 이듬해 5월 초하루에 동해를 감독하는 관리 파진찬 박숙청이 왕에게 아뢰었다.

"폐하, 동해 가운데 있던 작은 섬 하나가 감은사 쪽으로 떠내려와 파도를 따라 왔다 갔다 하고 있사옵니다."

이 말을 들은 왕은 아무래도 이상해 점치는 신하를 불러 물어보았다.

"감은사에 떠내려 온 섬 하나가 있다는데, 그게 어찌된 일이냐?"

"폐하, 돌아가신 왕께서 지금 바다의 용이 되어 삼한을 지키고 계십니다. 또한, 김유신 장군은 지금 세상에 내려와 나라의 대신으로 환생하셨습니다. 두 성인께서 덕을 같이하여 나라를 지킬 보배를 내리려고 하는 것입니다."

점치는 신하는 계속해서 말을 이어갔다.

"만약 폐하께서 바닷가로 나가시면 반드시 값을 매길 수 없는 큰 보배를 얻게 될 것입니다."

"그게 참말이렷다?"

왕은 신하를 불러 섬을 살펴보고 오라고 시켰다. 섬에 다녀온 신하가 아뢰었다.

"폐하, 섬은 거북 머리처럼 생겼습니다. 섬에 대나무 한 그루가 있었는데 낮에는 둘이 되고, 밤에는 하나로 합쳐졌습니다."

신문왕은 그날 밤 직접 감은사로 가서 묵었다.

이튿날 정오 무렵이었다. 갑자기 섬의 대나무가 하나로 합쳐지더니 하늘과 땅이 마구 진동했다. 비바람이 사납게 몰아치면서 날이 어두워졌다가 밝아지기를 거듭했다. 왕은 비바람이 걷히기를 기다렸다. 7일째가 되자 거친 비바람이 멈추고 파도가 가라앉았다.

"비바람이 멈췄으니 바다에 배를 띄워라!"

왕은 배를 타고 바다 한가운데 떠있는 섬으로 향했다. 섬에 가까워졌을 때 갑자기 '휘익' 하는 소리가 나더니 용 한 마리가 모습을 드러냈다. 용은 신문왕에게 검은 옥대를 바쳤다. 그런 다음 대나무를 건네며 말했다.

"이것으로 피리를 만들어 부십시오. 그러면 백성들에게 큰 은혜가 될 것이며, 천하가 태평해질 것입니다."

대나무를 받아든 왕은 보답으로 용에게 오색 비단과 금은보석을 주었다. 그러자 섬과 용이 감쪽같이 사라졌다.

다음 날 신문왕은 궁궐로 돌아오기 위해 감은사를 떠났다. 지림사 서쪽 시냇가에 이르러 말을 멈추고 점심을 먹을 때였다. 궁궐에서 마중 나

온 태자가 물었다.

"아바마마, 선왕 폐하의 큰 은혜로 진기한 물건을 얻었다고 들었사옵니다."

"그렇다, 이것이니라."

신문왕은 태자에게 옥대와 대나무를 내보였다. 그런데 옥대를 살펴본 태자가 놀라 말했다.

"아바마마, 이 옥대에 달린 장식을 보십시오. 용이 살아있습니다."

"그게 사실이냐?"

"그렇사옵니다. 이쪽을 떼어 물에 넣어 보십시오."

신문왕은 태자가 말한 대로 옥대의 왼쪽을 떼어 시냇물에 담갔다. 그러자 용이 하늘로 올라갔고, 그 자리는 연못으로 변했다.

궁궐로 돌아온 신문왕은 용에게 받아온 대나무를 살핀 뒤 명령했다.

"여봐라, 이 나라에서 피리를 가장 잘 만드는 사람을 데려오너라."

"네, 폐하."

신하들은 온 나라를 뒤져서 피리를 가장 잘 만들기로 소문난 사람을 데려왔다. 그는 뚝딱뚝딱 대나무를 깎아 피리를 완성했다.

"이 피리는 나라의 보물을 넣어두는 창고에 보관하도록 하라. 어려움이 닥치면 그때 불 것이니라."

왕은 대나무 피리를 월성에 있는 천존고에 보관했다.

다음 해에 나라에 가뭄이 들고 백성들은 돌림병에 시달렸다. 고을마다 굶어죽거나 병에 걸려 죽는 사람들로 곡소리가 끊이지 않았다.

"지금 당장 천존고에 있는 피리를 꺼내와 불도록 하라!"

왕의 분부대로 피리를 불었더니 메말랐던 산과 들에 비가 촉촉이 내렸다. 그리고 백성들의 병도 씻은 듯이 나았다.

피리를 불 때마다 적군이 물러가고, 병이 나으며, 가물 때는 비가 내리고, 장마 때는 비바람이 그치고, 넘실대는 파도는 잔잔해져 나라가 늘 평화로웠다.

"어허, 참으로 진기한 피리로구나. 온갖 풍파를 멎게 하는 이 피리를 이제부터 '만파식적'이라 부르겠노라!"

신문왕은 만파식적을 나라의 보물로 삼아 고이 간직했다.

공을 다투지 않고 숨어버린 물계자

신라 10대 내해왕 때의 일이다.

내해왕은 왕의 자리에 오르자마자 일벌이라는 사람을 가장 높은 관직에 앉힌 뒤 나라의 일을 돕도록 했다. 그리고 태자인 내음에게는 이찬 벼슬을 내려 군사를 다스리게 했다.

내해왕이 왕이 된 지 14년째 되던 해였다.

가락국 주변에 있던 보라국, 고자국, 사물국 등 여덟 나라가 힘을 합쳐 가락국을 공격해 왔다. 혼자서 당해낼 수 없었던 가락국의 왕은 직접 신라에 찾아와 도움을 요청했다.

"이대로 가다가는 가락국이 망하고 말 것입니다. 은혜는 꼭 갚을 테니, 부디 군사를 보내주십시오."

"가락국은 우리의 이웃이오. 어찌 내가 가만히 보고만 있겠소."

내해왕은 가락국이 주변 국가에 넘어가면 신라도 위험할 수 있다는 것을 잘 알고 있었다. 그래서 가락국의 왕이 돌아간 뒤 곧바로 명령했다.

"여봐라, 일벌과 태자 내음은 지금 당장 군사를 이끌고 나가 가락국을 돕도록 하라!"

"분부 받들겠습니다!"

일벌과 태자는 여러 장수와 군사들을 이끌고 싸움터로 나갔다. 그중에는 물계자라는 사람도 있었다. 물계자는 어릴 때부터 총명하고 여러 방면에서 능력이 뛰어나기로 유명했다. 무엇보다 전장에서는 전략을 잘 짜기로 이름나 있었다. 역시나 물계자의 전략 덕분에 가락국에 쳐들어온 적들을 손쉽게 물리칠 수 있었다. 전쟁터에서 사로잡아온 적의 군사가 엄청났다.

"모두 수고하였다! 당장 음식을 내오고, 풍악을 울려라!"

내해왕은 일벌과 태자에게 큰 상을 내리고 잔치를 베풀어 주었다. 그런데 공을 가장 많이 세운 물계자는 아무런 상도 받지 못했다. 사실 물계자와 태자 내음은 사이가 좋지 않았다. 그런 이유로 태자는 공을 세운 사람들의 명단에 물계자를 넣지 않았다. 또한 전쟁터에서 돌아온 뒤로 물계자를 멀리했다.

물계자와 친하게 지내던 대신이 이상하다 여기며 말했다.

"이보게, 이번 전쟁의 공은 모두 자네에게 있지 않은가? 한데 상을 내려주기는커녕 태자께서 자네를 몹시 미워하니 이게 어찌된 일인가?"

"어허, 누가 듣겠네. 다시는 그런 소리 하지 말게."

물계자가 딱 잘라 말했지만 대신은 여전히 이해가 되지 않았다.

"자네는 왕자님이 원망스럽지도 않은가?"

"어찌 신하된 자가 왕자님을 원망할 수 있겠나. 난 그저 폐하의 명령에 따라 전쟁터에 나갔고, 목숨 바쳐 싸웠을 뿐이네."

물계자의 말에 대신이 또 한마디 했다.

"그렇다면 이 일을 폐하께 아뢰는 게 어떻겠나?"

"아닐세. 자신의 공을 자랑하여 이름을 다투고, 자신을 드러내려고 남의 공을 덮어 버리는 것은 뜻있는 선비가 할 짓이 아니지. 마음을 가다듬고 때가 오기를 기다리는 것이야말로 선비의 도리가 아니겠는가?"

물계자의 올곧은 생각에 대신은 더 이상 아무런 말도 하지 않았다.

몇 년 뒤 신라는 골포, 칠포, 고사포라는 세 나라의 공격을 받았다. 그러자 이번에는 내해왕이 직접 군사를 이끌고 싸움터로 나갔다. 물계자는 또 왕을 도와 싸움을 승리로 이끌었다. 하지만 이번에도 물계자는 공을 인정받지 못했다.

하루는 물계자의 아내가 섭섭한 마음을 감추지 못하고 말했다.

"여보, 당신은 싸움터에 나갈 때마다 몸을 아끼지 않고 싸웠습니다. 그리고 당신의 전략대로 싸워서 승리를 거두었습니다. 그런데 왜 나라에서는 공을 인정해 주지 않는 건가요?"

이 말을 들은 물계자는 길게 한숨을 내쉬며 말했다.

"나라가 위험에 처했을 때 싸움터로 나가는 것은 백성된 자의 당연한 도리요. 또한, 싸움터에서 왕을 위해 목숨을 아끼지 않고 싸우는 것은 신하된 마땅한 도리지요."

물계자는 허공을 바라보며 말을 이었다.

"전쟁터에서 나라와 왕을 위해 목숨을 바칠 용기가 없었으니, 이것이야말로 충성스럽지 못한 일이 아니고 무엇이겠소? 충성을 다하지 못한 것은 곧 내 부모에게 불효한 것이나 마찬가지요. 이렇게 충과 효를 다하지 못했는데, 무슨 낯으로 내가 궁궐에 들어가 왕을 뵙고 거리를 돌아다닐 수 있겠소."

물계자는 몇날 며칠 잠도 이루지 않고 끼니도 걸렀다. 보다 못한 아내가 울먹이며 원망의 마음을 털어놓았다.

"여보, 아무리 생각해도 이해가 안 됩니다. 당신 말대로라면 싸움터에 나간 사람들은 모두 죽어서 시체로 돌아와야 하는 것입니까? 싸움에서 이겨 살아 돌아온 게 어찌 당신이 충성스럽지 일이며, 어찌 당신이 불효를 저질렀다는 것입니까?"

아내의 말에 물계자는 아무런 대꾸도 하지 않았다. 며칠이 지나자 물계자는 머리를 풀어헤치고 거문고를 둘러멘 채 방에서 나왔다.

"오늘 이후로는 나를 찾지 마시오."

물계자는 이 한 마디를 남기고 집을 떠났다.

거문고를 메고 이리저리 떠돌던 물계자는 마침내 사체산으로 들어갔다. 그리고 대나무의 곧은 성질에 자신의 처지를 비유하여 〈물계자가〉라는 노래를 지어 불렀다. 그리고 산골짜기를 흐르는 물소리에 맞춰 거문고를 타며 곡조를 울렸다. 물계자는 그렇게 사체산에 살면서 죽을 때까지 바깥세상으로 나오지 않았다.

> **깊이 생각해보기** — 충신 물계자는 왜 산으로 들어간 걸까?
>
> 물계자는 자신이 할 일을 충실히 했어요. 하지만 아무도 알아주지 않았지요. 오히려 물계자의 공을 가로채 상을 받은 이들이 더 많았어요. 하지만 물계자는 공을 다투지 않고 산으로 들어가 홀로 살았어요. 여러분이 물계자라면 어떻게 했을지 생각해 보아요.

5장

효를 행한 사람들 진실한 사랑과

호랑이 처녀와 김현의 사랑

신라 38대 원성왕 때의 일이다.

'흥륜사'에 사람들이 모여 탑돌이를 하고 있었다. 탑돌이는 절 앞마당에 서 있는 탑을 돌며 소원을 비는 일이다.

밤이 깊어지자 탑돌이를 하던 사람들이 모두 집으로 돌아갔다. 그런데 탑돌이를 계속하는 젊은이가 한 명 있었다. 그 젊은이는 김현이라는 화랑이었다.

자정이 막 지났을 때였다. 어디서 나타났는지 예쁜 처녀가 두 손을 모으고 고개를 숙인 채 김현의 뒤를 따라 탑돌이를 시작했다. 고개를 돌린 김현은 가슴이 쿵쾅거렸다.

'저 아가씨는 하늘에서 내려온 선녀일 거야.'

김현은 떨리는 마음으로 겨우 탑돌이를 마쳤다. 이윽고 처녀도 탑돌이를 끝냈다. 김현은 처녀에게 가까이 다가갔다.

"어디 사는 뉘신지 여쭤 봐도 되겠습니까?"

"……."

처녀는 말없이 김현을 바라보기만 했다. 처녀도 김현에게 반한 눈치였다.

"이렇게 만난 것도 인연인데, 이야기를 좀 나눌 수 있을까요?"

김현은 처녀를 데리고 절 가까이에 있는 숲속으로 갔다. 둘은 시간 가는 줄 모르고 다정하게 이야기를 나누었다.

"어머나, 시간이 너무 늦었네요. 이제 돌아가야겠습니다."

"아가씨를 이대로 보내고 싶지 않습니다. 실례가 되지 않는다면 집까지 바래다 드리지요."

김현이 고집을 피웠다. 그런데 처녀 역시 고집을 꺾지 않고 김현을 돌려보내려고 했다.

"아가씨의 집을 모른 채 그냥 돌아간다면 병을 앓고 말 거요."

김현은 끝끝내 처녀가 사는 집까지 따라왔다.

"여기까지 왔으니 부모님을 뵙고 갔으면 합니다."

하는 수없이 처녀는 김현을 데리고 집으로 들어갔다. 처녀의 늙은 어머니가 물었다.

"저 젊은이는 누구냐?"

"함께 탑돌이를 하다가 만난 분입니다."

처녀는 김현과 만난 이야기를 숨김없이 다 털어 놓았다.

처녀의 어머니는 왠지 불안한 얼굴로 말했다.

"네 오라비들이 돌아올 시간이니 저 젊은이를 골방에 숨겨 주어라."

그 말을 들은 김현은 이해가 되지 않았다. 하지만 처녀가 이끄는 대로 골방에 숨었다. 조금 있자 호랑이 세 마리가 으르렁거리며 집으로 들어왔다.

"집 안에서 사람 냄새가 나는데?"

"먹을 것을 잡아온 모양이군."

"온종일 굶어 배고프던 참인데, 잘 됐네."

호랑이들은 코를 벌름거리며 군침을 삼켰다. 그때 하늘에서 외치는 소리가 들려왔다.

"너희는 어찌하여 산 목숨을 아무렇지 않게 해치고 다니느냐? 다시는 그런 나쁜 짓을 못하도록 너희 가운데 하나를 죽여 본보기로 삼으마!"

이 소리를 들은 호랑이들은 겁을 잔뜩 먹고 부들부들 떨었다.

"오라버니들, 잘못을 뉘우치고 멀리 떠나 조용히 살겠다고 약속해 주세요. 그러면 제가 대신 벌을 받을게요."

호랑이들은 그러겠다고 약속한 뒤 쏜살같이 도망쳤다. 잠시 후, 처녀는 김현에게 자신도 호랑이라고 털어 놓았다.

"저는 오라버니들을 대신해 벌을 받아야 합니다. 내일 제가 성 안으로 들어가 사람들을 해치면 나라에서 높은 벼슬을 내걸고 저를 잡으려 할 것입니다. 그때 낭군님께서 성 북쪽 숲으로 와 저를 죽이십시오. 기다리고 있겠습니다."

호랑이 처녀는 김현을 사랑하는 마음을 이렇게라도 전하고 싶었다.

"그럴 수는 없소. 당신과 나는 하늘이 정해준 소중한 인연이오. 그런데 어찌 내가……."

"낭군님, 제 죽음은 이미 하늘이 정한 것입니다. 부디 낭군님 손에 죽게 해 주십시오. 다만, 제가 죽거든 서천 가에 절을 지어 명복을 빌어 주세요."

"알겠소. 그렇게 하리다."

호랑이 처녀와 김현은 서로의 사랑을 확인하고 작별했다.

다음 날 정말로 성 안에 사나운 호랑이가 나타나 사람들을 마구 해쳤다. 원성왕은 높은 벼슬자리를 내걸고 호랑이를 죽이라고 명령했다. 김현은 칼을 들고 북쪽 숲으로 향했다. 약속한 대로 호랑이 처녀가 와 있었다. 김현은 차마 처녀를 죽일 수 없었다. 그러자 처녀가 김현의 칼을 빼앗아 스스로 목을 찔렀다. 숨을 거둔 처녀는 호랑이로 변했다.

김현은 죽은 호랑이를 끌어안고 말했다.

"부디 좋은 곳으로 가길 바라오."

높은 벼슬자리에 오른 김현은 약속을 지켰다. 처녀의 소원대로 서천가에 '호원사'라는 절을 지어 주었다. 호원사는 '호랑이가 원하여 지은 절'이라는 뜻이다.

김현은 날마다 절에 찾아가서 불경을 읽으며 호랑이 처녀의 넋을 달래 주었다.

깊이 생각해보기 — 탑돌이 날은 어떤 날이었을까?

탑돌이는 신라 때부터 있던 풍습이에요. 해마다 정월 대보름이면 절에 있는 탑을 돌며 소원을 빌었어요. 처녀들은 이날 유일하게 외출을 허락받았답니다. 탑을 돌다가 눈이 맞은 처녀 총각은 서로 사랑을 고백했어요. 이날이 바로 우리나라의 발렌타인 데이였던 셈이죠.

허벅지 살로 고깃국을 끓여드린
신효

'월정사'에 전해 내려오는 이야기이다.

자장 법사가 처음 오대산에 와서 부처의 실제 모습을 보려고 산기슭에 띠를 엮어 집을 지었다. '월정사'라고 이름 짓고 7일 동안 기도를 올렸는데, 부처의 실제 모습은 보이지 않았다. 자장 법사는 월정사를 두고 묘범산으로 가 '정암사'를 세웠다.

그 뒤 월정사에 와서 지낸 사람은 신효이다. 신효는 부처님의 말씀을 굳게 믿고 따르는 사람이었다. 그가 부처를 따르게 된 데에는 이유가 있었다.

신효는 공주에서 홀어머니를 모시고 살았다. 자신의 몸보다 늘 어머니를 먼저 챙기는 효자였다.

"어머니, 요즘 끼니를 전혀 드시지 못하니 걱정입니다."

"그러게 말이다. 날마다 풀죽만 먹으려니 도저히 넘어가질 않는구나."

며칠을 굶은 어머니는 마침내 몸져눕고 말았다. 신효는 고기를 구하러 다녔다. 마침내 꿩을 잡아 어머니에게 고아 드렸더니 기운을 차렸다.

"어머니께 날마다 고기를 드릴 수만 있다면……."

신효는 고기를 구하기 위해 산으로 들로 돌아다녔다. 하지만 허탕을 치는 날이 많았다. 운이 좋은 날은 노루를 잡아 며칠 동안 어머니에게 드릴 수 있었다.

"아이고, 얘야. 오늘은 밥맛이 꿀맛이구나."

신효는 어머니가 좋아하니 더없이 기뻤다. 하지만 고기를 먹는 날보다 못 먹는 날이 많아 어머니는 점점 야위어 갔다.

어느 날, 사냥을 나온 신효는 길에서 다섯 마리의 학을 보았다.

"이게 웬 횡재람."

신효는 얼른 활시위를 당겼다. 화살을 여러 발 쏘았지만 한 마리도 잡지 못했다. 학 한 마리에게서 깃털 하나가 떨어졌다. 신효는 힘없이 깃털을 집어 들었다. 그런데 깃털을 눈에 대고 보니 지나가는 사람들이 짐승으로 보였다.

"얼른 잡아 어머니에게 드려야지."

그런데 깃털이 눈에서 떨어지니 짐승이 다시 사람으로 보였다.

"이럴 수가! 하마터면 사람을 잡을 뻔했네."

신효는 너무 끔찍해서 몸을 부르르 떨었다. 그리고 고기를 얻지 못한 채 집으로 돌아왔다.

'어머니를 오늘도 굶길 수는 없지.'

신효는 숫돌에 칼을 갈았다. 그러고는 날선 칼로 자신의 허벅지 살을 베었다.

"어머니, 오늘은 고기가 좀 적네요. 그래도 맛있게 드시고 기운을 차리세요."

신효는 자신의 허벅지 살로 끓인 고깃국을 어머니에게 드렸다.

"얘야, 오늘은 국이 유난히 맛있구나."

아무것도 모르는 어머니는 맛나게 밥을 먹었다. 이후 신효는 고기를 구하지 못할 때마다 자신의 허벅지 살을 베어 어머니에게 드렸다.

그렇게 지극 정성으로 모시던 어머니가 돌아가시자 신효는 스님이 되기로 마음먹었다. 집을 내놓아 '효가원'이라는 절을 지었다. 그러고는 고향을 떠났다. 예전에 얻었던 학의 깃털로 눈을 가리고 보니 이제는 사람들이 짐승으로 보이지 않았다.

머물 곳을 찾아 오랫동안 떠돌던 신효는 길에서 늙은 아낙을 만났다.

"부처님의 도를 닦을 만한 곳을 찾아 떠돌고 있습니다. 혹시 마땅한 곳이 없을까요?"

"서쪽 고개를 넘으면 그곳에 북쪽을 바라보는 골짜기가 있다오. 그곳이 살만할 거요."

말을 마친 아낙은 눈 깜짝할 사이에 사라져 버렸다.

신효는 늙은 아낙이 일러준 곳으로 가 보았다. 그곳에 자장 법사가 지은 띠풀 집이 있었다. 신효는 그곳에 자리를 잡고 부처의 도를 닦기 시작했다.

하루는 스님 다섯 명이 띠풀 집에 찾아왔다. 그 가운데 한 스님이 말했다.

"당신이 가지고 온 법복 한 벌은 어디 있습니까?"

"법복이라뇨? 저는 법복을 가져온 적이 없는데요."

신효의 대답에 한 스님이 또 말했다.

"눈에 대고 사람을 본 깃털이 바로 그 법복입니다."

신효는 깜짝 놀라 깃털을 꺼내어 드렸다. 스님은 자신이 입고 있는 옷의 떨어져 나간 부분에 깃털을 갖다 댔다. 꼭 맞아들었다. 깃털이 어느새 베옷이 되어 있었다. 다섯 명의 스님은 말없이 가 버렸다.

"저분들은 극락의 보살이 틀림없어. 내게 학으로 나타나 살생하지 말라는 깨달음을 주고, 살을 베어 어머니를 모시게 한 뒤, 이곳으로 나를 이끌어 주신 거야."

비로소 깨달은 신효는 더욱 더 열심히 부처의 도를 닦았다. 처음 자장이 띠를 엮어 지은 월정사는 신효에 의해 점점 더 큰 절이 되었다.

깊이 생각해보기 — 우리는 신효처럼 효도할 수 있을까?

부모는 자식을 위해서라면 뭐든지 해 줘요. 그런 부모를 위해 효도하는 것 역시 자식으로서 마땅한 일이지요. 여러분은 자신의 살을 베어 굶주린 어머니에게 드린 신효처럼 우리가 가진 모든 것을 바쳐 부모님을 모실 수 있나요? 곰곰이 생각해 보세요.

어머니를 위해 아들을 묻으러 간
손순

신라 42대 흥덕왕 때의 일이다.

서라벌 모량리에 손순이라는 사람이 살고 있었다. 손순은 아버지가 세상을 떠나자 아내와 함께 남의 집에서 품을 팔아 겨우겨우 살아갔다.

손순에게는 어린 아들이 있었는데, 철이 없어 늙은 어머니의 밥을 다 먹어 버리고는 했다. 보다 못한 손순이 아내에게 말했다.

"아이가 어머니의 음식을 다 빼앗아 먹으니 어쩌면 좋겠소?"

"날마다 야단을 쳐도 소용이 없네요."

아내는 어머니도 걱정되고 아이도 걱정이 되어 안절부절 못했다.

"어머니가 굶주림에 병이라도 얻으실까 걱정이오."

"제가 잘 타일러 볼게요."

아내의 말에 손순은 고개를 저었다. 큰 결심이라도 한 표정이었다.

"여보, 아무래도 안 되겠소. 아이는 나중에 또 낳을 수 있지만 어머니는 돌아가시면 영영 뵐 수가 없으니 우리가 결정을 내립시다. 어머니께서 굶주려 돌아가시기 전에 아이를……."

손순이 말끝을 흐렸지만 아내는 그 뜻이 무엇인지 알고 있었다. 아내의 눈에서 주르르 눈물이 흘렀다. 손순도 마음이 아팠다. 하지만 결심을 돌리지는 않았다.

다음날 손순과 아내는 아이를 데리고 취산 북쪽 기슭으로 갔다. 손순의 손에는 삽과 괭이가 들려 있었다. 아내는 어린 아들을 업고 손순을 따라 걸었다.

"어머니, 우리 지금 어딜 가는 건가요? 할머니는 왜 같이 안 가요?"

아이가 해맑게 웃으며 물었다.

손순과 아내는 아무런 대답도 해줄 수가 없었다.

깊은 산 속에 다다른 손순은 구덩이를 파기 시작했다. 아이를 묻기 위한 구덩이였다. 한참을 파내려가고 있는데, 괭이 끝에 무언가가 덜거덕 부딪쳤다.

"뭐지?"

손순은 괭이를 놓고 흙을 파헤쳐 보았다.

"이 깊은 산속에 웬 돌종이 묻혀 있지?"

"그러게요."

손순과 아내는 돌로 만든 종을 보며 신기하게 여겼다.

"아버지, 우리 종 쳐요."

아들의 말에 손순과 아내는 종을 나무에 매달았다. 그리고 힘껏 두드렸다. 깊고도 은은한 종소리가 산속 가득 울려 퍼졌다.

아내가 조심스레 입을 열었다.

"여보, 아이를 묻을 구덩이에서 돌종이 나왔다는 건 예삿일이 아닌 듯해요. 하늘에서 아이를 죽이지 말라고 계시를 내리신 게 아닐까요?"

"나도 당신과 같은 생각이오."

결국, 손순과 아내는 마음을 바꾸었다. 부부는 돌종을 메고 아이와 함께 산을 내려왔다.

집으로 돌아온 손순은 돌종을 깨끗하게 씻어 들보에 매달고 힘껏 쳤다.

"댕! 댕! 댕!"

종소리는 산속에서보다 더 은은하고 깊이 있게 울렸다. 한 번 울린 종소리는 끊임없이 퍼져 대궐까지 나갔다.

종소리를 들은 흥덕왕이 신하에게 물었다.

"이게 대체 어디에서 울리는 종소리냐?"

"정확히는 모르겠으나 서쪽 마을 어디에선가 들리는 것 같습니다."

"이토록 맑은 종소리는 처음 듣는구나. 보통 종이 아닌 것 같으니 가서 알아보아라."

"네, 폐하."

손순이 돌종을 얻게 된 사연을 들은 신하들은 돌아와 왕에게 낱낱이 아뢰었다. 이야기를 들은 흥덕왕은 얼굴 가득 웃음을 띠며 말했다.

"오호, 기특한지고! 곽거라는 효자 못지않구나."

신하들이 곽거가 누구인지 묻자 흥덕왕이 말을 이어갔다.

"옛날 중국 한나라에 곽거라는 사람이 살았소. 그 사람도 손순과 마찬가지로 집이 아주 가난했지. 그런데 곽거의 어머니는 음식을 차려 놓으면 자식들 몰래 손자 입에 모두 넣어 주고 자기는 늘 굶었다오. 이를 알게 된 곽거는 어머니가 굶주리지 않도록 하기 위해 아들을 파묻으려고 땅을 팠소. 그랬더니 땅속에서 황금솥이 나왔는데, 그 솥 위에 '하늘이 곽거에게 준다.'라고 쓰여 있었지. 그 솥에서 밥이 저절로 나와 곽거 가족은 굶지 않게 되었다오. 손순도 곽거처럼 지극한 효성이 하늘에 닿은 거요. 하늘이 돌종을 내려 어린 아들을 살린 게 아니고 뭐겠소? 이런 경사스런 일을 그냥 지나칠 수야 없지."

흥덕왕은 손순의 효도를 칭찬하며 집을 한 채 지어 주었다. 그리고 해마다 벼 50섬을 상으로 내렸다.

손순은 새 집으로 이사하며 옛집은 절로 삼아 '홍효사'라고 이름 붙였다. 그리고 돌종을 절에 매달아 놓고 아침저녁으로 치며 기도를 올렸다. 뒷날 진성여왕 때 후백제 군사들이 쳐들어와서 종을 가져가 버리는 바람에 절만 남게 되었다.

깊이 생각해보기 — 효자 손순은 어떤 사람일까?

손순은 신라의 무산 대수촌장인 구례마의 후손이에요. 모량부 손씨인 그는 원래 6두품 귀족 신분이었는데 가세가 기울어 어렵게 살았어요. 가난해도 부모를 극진히 모셨지요. 자식을 죽여서라도 부모를 살리려고 한 거예요.

꿈속의 하룻밤 사랑

'세규사'라는 절에 논밭을 관리하는 조신 스님이 있었다.

조신은 날마다 논밭에 나가 일했다. 그리고 밤이면 '낙산사'로 가서 열심히 불공을 드렸다.

'나무아미타불 관세음보살. 마음의 욕심을 버리고 어진 마음을 갖게 해 주십시오.'

그러던 어느 날이었다. 법당에 들어섰는데 웬 아가씨가 불공을 드리고 있는 게 보였다. 조신은 그 아가씨에게 첫눈에 반하고 말았다.

'어쩜 저리도 고울까? 사람이 아니라 선녀일 거야.'

알고 보니 그 아가씨는 이 고을을 다스리는 김흔의 딸이었다.

세규사로 돌아온 조신의 머릿속은 온통 아가씨 생각뿐이었다. 밤에는 잠도 이루지 못했다.

'내가 지금 무슨 생각을 하고 있는 것인가! 난 부처님을 모시는 불제자가 아닌가……'

조신은 아가씨를 그리워하면 안 된다는 걸 잘 알고 있었다. 자신을 나무

라며 마음을 다잡으려고 애썼다. 하지만 소용없었다. 밭에 나가 일을 하면서도, 불공을 드리면서도, 온통 아가씨 생각으로 넋 나간 사람 같았다.

'그 아가씨를 한 번만 더 만날 수 있다면…….'

조신은 관음보살님께 솔직히 털어 놓았다.

"관음보살님, 아무리 잊으려고 해도 잊을 수가 없습니다. 부디 그 아가씨와 결혼해서 살 수 있도록 해 주십시오."

몇 년 동안 하루도 빠짐없이 빌고 또 빌었지만 소원은 이루어지지 않았다. 오히려 아가씨가 시집을 가게 되었다는 소문이 들렸다.

조신은 원망의 기도를 올렸다.

"관음보살님, 너무하십니다. 이제 저는 어찌합니까? 부디 아가씨의 마음을 돌려주십시오."

조신은 애태우며 두 무릎이 닳도록 절했다. 눈물이 옷깃을 흠뻑 적셨다. 그러다가 지쳐서 잠이 들었다. 그런데 이게 어찌된 일인가? 아가씨가 활짝 웃으며 조신을 찾아온 것이다.

"저는 스님을 뵌 후로 마음속 깊이 사모해 왔습니다. 한시도 스님을 잊은 적이 없는데, 부모님이 배필을 정해 결혼을 시켰지요. 시집을 가 보니 스님이 더 그리웠습니다. 그래서 이렇게 다 버리고 찾아온 것입니다."

조신은 기뻐서 어쩔 줄 몰랐다. 소원대로 아가씨를 아내로 맞이했다.

"부인, 내 고향으로 가서 삽시다."

조신은 아내를 데리고 자신이 태어난 고향으로 갔다.

둘은 다 쓰러져 가는 움막집에서 해진 무명옷을 입고 지냈다. 하지만 마음만은 궁궐에서 비단옷을 입고 지내는 것처럼 행복했다. 꽁보리밥에 간장 한 가지뿐이었지만 늘 진수성찬처럼 맛있게 먹었다.

40여 년의 세월이 흐르는 동안 조신과 아내는 다섯 아이를 낳았다.

"배고파, 밥 줘!"

"으아아앙!"

조신의 가족은 밥을 먹는 날보다 굶는 날이 더 많았다. 가족을 위해 아침부터 밤늦도록 열심히 일을 했지만 나물죽조차 넉넉히 먹을 수 없는 형편이었다. 하는 수 없이 조신은 가족을 이끌고 이곳저곳 떠돌며 구걸하여 살았다.

그렇게 또 10년의 세월이 흘렀다. 어느 고개를 지나는데 그만 배고픔에 지친 큰아들이 죽고 말았다. 조신은 슬피 울며 길가에 아이를 묻었다.

"아이고, 불쌍한 것. 세상에 태어나 밥 한 번 배불리 먹어 보지 못하고 가다니……"

아내가 땅을 치며 통곡하자 아이들도 따라 울었다. 조신과 아내는 이제 늙고 병들어 구걸하러 다닐 기운조차 없었다. 아이들이 동냥을 해 와 겨우겨우 입에 풀칠을 했다. 그런데 열 살 난 딸아이가 구걸을 나갔다가 개에게 물려 앓아누웠다.

조신과 아내는 부둥켜안고 탄식했다.

"우리가 부부로 살아온 지 어느덧 50년이 되었구려. 나를 만나 고생만 하고……. 그때 그냥 시집가서 살았으면 더 좋았을 텐데……."

"당신도 그때 부처님 모시고 계속 도를 닦았으면 지금쯤 훌륭한 스님

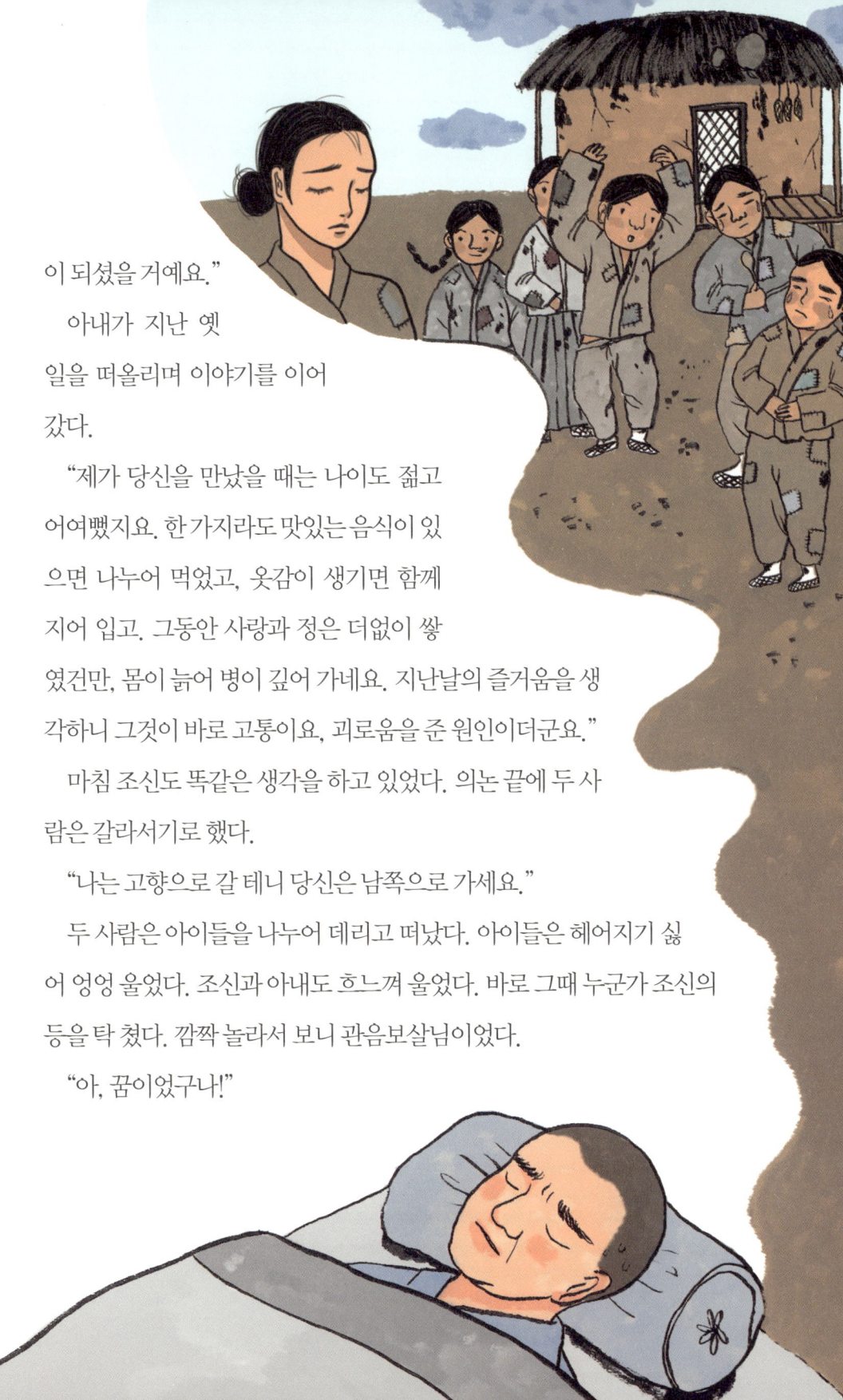

이 되셨을 거예요."

아내가 지난 옛일을 떠올리며 이야기를 이어 갔다.

"제가 당신을 만났을 때는 나이도 젊고 어여뻤지요. 한 가지라도 맛있는 음식이 있으면 나누어 먹었고, 옷감이 생기면 함께 지어 입고. 그동안 사랑과 정은 더없이 쌓였건만, 몸이 늙어 병이 깊어 가네요. 지난날의 즐거움을 생각하니 그것이 바로 고통이요, 괴로움을 준 원인이더군요."

마침 조신도 똑같은 생각을 하고 있었다. 의논 끝에 두 사람은 갈라서기로 했다.

"나는 고향으로 갈 테니 당신은 남쪽으로 가세요."

두 사람은 아이들을 나누어 데리고 떠났다. 아이들은 헤어지기 싫어 엉엉 울었다. 조신과 아내도 흐느껴 울었다. 바로 그때 누군가 조신의 등을 탁 쳤다. 깜짝 놀라서 보니 관음보살님이었다.

"아, 꿈이었구나!"

조신의 입에서 안도의 숨이 새어 나왔다. 하룻밤 꿈속에서 수십 년의 세월을 살았던 것이다. 그런데 머리카락과 수염은 실제로 하얗게 세어 있었다.

"참으로 어리석었어. 세상사 다 부질없건만, 집착으로 인해 여럿을 고생시키다니……."

잘못을 깨달은 조신은 한평생 불법 닦는 일에만 매달렸다.

깊이 생각해보기

조신의 이야기가 일장춘몽이라고?

조신은 원하는 것을 얻은 대신 고통도 얻었어요. 그런데 알고 보니 모든 것이 꿈이었지요. 이러한 상황을 '일장춘몽'이라고 해요. 일장춘몽은 인생의 허무함과 덧없음을 말해요. 욕심과 집착을 버리면 고통도 따르지 않는다는 것을 꿈 이야기로 깨우쳐 준 거예요.

두 세상 부모에게 효도한
김대성

신라 35대 경덕왕 때의 일이다.

모량리 마을에 경조라는 여인이 살았다. 여인에게는 아이가 하나 있었다. 머리가 크고 정수리가 평평한 것이 마치 성 같다고 하여 이름을 '대성'이라고 불렀다.

대성의 집은 너무 가난하여 풀죽을 먹기도 힘들었다. 대성은 복안이라는 사람의 집에 가서 품팔이를 했다. 여러 해 동안 꾀부리지 않고 허드렛일을 도맡아 했다. 기특하게 여긴 복안이 말했다.

"참으로 성실하구나. 내가 조그만 밭을 떼어줄 테니 직접 농사지어 보아라."

"고맙습니다, 어르신."

대성은 새벽에 나가 밭을 일구고, 낮에는 복안의 집에 가 품팔이를 했다. 그러던 어느 날, 대성이 헐레벌떡 집으로 뛰어 들어왔다.

"어머니! 우리도 부처님께 시주를 해야겠어요. 복안 어른이 부자로 잘 사는 건 부처님께 시주를 많이 해서래요. 한 가지를 시주하면 일만 배를 얻게 된대요. 아무래도 저는 전생에 좋은 일을 하지 않아 가난하게 사는 것 같아요."

어머니는 삯바느질을 하며 힘없이 말했다.

"우리가 가진 게 있어야 시주를 하지."

"복안 어른에게 받은 밭이 있잖아요."

"아참, 그 밭이 있었지."

대성과 어머니는 스님을 찾아가 밭을 시주했다. 그런데 얼마 지나지 않아 대성이 시름시름 앓았다.

"이 무슨 날벼락이냐? 대성아, 정신 좀 차려 보아라."

어머니는 밤낮없이 대성의 옆을 지켰다. 하지만 대성은 온몸이 용광로처럼 펄펄 끓더니 이내 세상을 떠나고 말았다. 바로 그날, 나라의 큰일을 맡아 하는 '김문량'의 집에 하늘에서 울림이 내려왔다.

"모량리에 살던 대성이란 아이가 너의 집에 태어날 것이다."

김문량은 이게 무슨 일인가 싶어 모량리로 사람을 보냈다. 하인이 대성의 집에 다녀와 말했다.

"어르신, 모량리에 김대성이라는 아이가 있었는데, 오늘 죽었다 합니다."

김문량은 놀랍기도 하고 신기하기도 하여 입을 다물지 못했다.

그렇게 열 달이 지난 뒤 김문량의 아내는 건강한 사내아이를 낳았다. 갓 태어난 아이는 왼손을 꼭 쥐고 있었다. 아이의 주먹을 펴 보려 했지만 되지 않았다.

"갓난아기의 힘이 이토록 세다니!"

  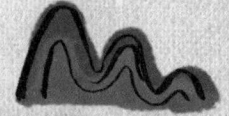 

김문량은 포기하고 말았다.

일주일 뒤, 그토록 펴지지 않던 아이의 주먹이 스르르 펴졌다. 아이의 손에는 금으로 된 쪽지가 있었다. 쪽지에는 '대성'이라는 글자가 적혀 있었다.

"이럴 수가!"

김문량은 하늘에서 울렸던 소리를 떠올리며 또 한 번 놀랐다. 아이의 이름은 쪽지에 적힌 대로 '대성'으로 지었다.

김문량은 하늘이 내린 대성을 정성껏 키웠다. 그리고 모량리에 사는 대성의 옛 어머니도 모셔와 함께 살았다. 무럭무럭 자란 대성은 늠름한 청년이 되었다. 활을 잘 쏘는 대성은 사냥을 나가면 백발백중이었다.

하루는 토함산에 올라 곰 한 마리를 잡아 메고 내려왔다.

"혼자서 이렇게 큰 곰을 잡다니! 정말 대단해."

다들 입이 닳도록 대성의 사냥 솜씨를 칭찬했다.

그날 밤 대성은 꿈을 꾸었다.

낮에 잡았던 곰이 나타나 무시무시하게 화를 냈다.

"나는 네게 해를 끼친 적이 없는데, 너는 어찌하여 나를 죽였느냐? 내가 다시 태어나 너를 잡아먹고 말 테다!"

곰은 입을 쩍 벌리고 사납게 달려들었다.

"살려주세요! 잘못했습니다!"

대성은 벌벌 떨며 용서를 빌었다.

"그럼, 나를 위해 절을 지어 주겠느냐?"

"네, 그렇게 하겠습니다. 큰 절을 지어서 용서를 구하겠습니다."

그 순간 대성은 잠에서 깼다. 온몸이 식은땀으로 흠뻑 젖어 있었다.

'아무리 짐승이라도 함부로 죽여서는 안 되는 거였어. 다시는 사냥을 하지 않을 거야.'

대성은 밖으로 뛰어나가 활과 화살을 모두 부러뜨렸다. 그 뒤로 대성은 사냥을 하지 않았다. 꿈에서 약속한 대로 곰을 잡은 자리에 '장수사'를 세워 주었다. 그리고 곰이 좋은 세상에 가게 해 달라고 빌었다.

이 일을 겪은 뒤 대성은 느낀 것이 많았다. 작은 생명도 함부로 하지 않게 되었고, 부처의 말씀을 따르려는 마음도 깊어졌다. 무엇보다 부모의 은혜를 깊이 깨달았다.

"부모님 은혜에 절을 지어 보답해야겠어."

대성은 지금의 부모를 생각하며 '불국사'를 세웠다. 그리고 전생의 부모에게 감사하며 '석불사'를 세웠다. 지금의 부모와 전생의 부모 모두에게 효도를 다한 것이다.

효를 이룬
진정의 깨달음

신라의 진정 스님은 스님이 되기 전에 군인이었다. 가난한 집에서 장가도 들지 못한 채 홀어머니를 모시고 살았다. 집에 있는 재산이라고는 다리가 부러진 솥단지 하나였다.

어느 날, 진정이 품팔이를 하러 나가고 없는데 스님이 찾아왔다.

"절 짓는 데 쓰려고 하니, 쇠붙이가 있으면 시주해 주십시오."

"스님, 잠시만 기다려 주세요."

어머니는 집안 구석구석을 뒤졌다. 하지만 쓸만한 쇳조각이 있을 리 없었다. 그때 어머니의 눈에 솥단지가 보였다.

'옳거니, 저거면 되겠네.'

어머니는 솥을 들고 나와 스님에게 드렸다.

"이 귀한 물건을 주시다니, 감사히 잘 쓰겠습니다. 나무아미타불 관세음보살."

스님은 솥을 메고 떠났다. 저녁이 되어 진정은 품삯으로 곡식을 받아 돌아왔다.

"얘야, 미안하구나. 너에게 묻지도 않고 하나뿐인 살림살이를 스님에게 시주했단다. 절 짓는 데 쓴다고 해서……."

어머니는 미안한 마음에 말끝을 흐렸다.

"절 짓는 일에 시주한 건데 뭐가 미안하세요. 어머니가 기쁘면 저도 기쁩니다."

진정은 어머니를 안심시킨 뒤 저녁 끼니를 준비하러 부엌으로 갔다. 그런데 솥이 없으니 끼니를 준비할 수가 없었다. 고민을 하던 진정은 물 긷는 항아리를 집어 들었다.

'여기에 죽을 끓일 수 있으려나?'

진정은 항아리에 곡물을 넣고 죽을 끓여 어머니에게 드렸다.

얼마 뒤 산성지기를 하던 진정은 옆에서 군사들이 나누는 이야기를 듣게 되었다.

"태백산에 의상이라는 유명한 스님이 계신다며?"

"자네도 들었나? 의상 스님은 우리 같은 무식쟁이들도 모두 알아들을 수 있게 부처님 말씀을 알려 주신다지?"

군사들의 말에 진정은 가슴이 쿵쾅거렸다.

'그렇게 훌륭한 스님을 만나면 나도 깨달음을 얻을 수 있을까?'

진정은 군인의 의무를 다하고 집으로 돌아와 어머니에게 말했다.

"어머니, 효도를 마친 뒤에 머리를 깎고 부처님의 법을 배우고 싶습니다. 태백산에 계시는 의상 스님께 가서요."

어머니가 돌아가시고 나면 스님이 되겠다는 각오를 밝힌 것이다.

"부처님의 가르침은 만나기 어렵고, 우리네 인생은 너무도 짧단다. 그러니 내가 죽은 뒤에 시작할 게 아니라 지금 당장 가서 배우도록 해라."

어머니의 말에 진정은 깜짝 놀랐다.

"어머니를 두고 떠날 수는 없습니다."

"네가 나 때문에 부처님께 가지 않는다면 나는 죽어서 지옥 불에 떨어질 것이다. 효도를 하고 싶거든 어미 말을 듣도록 해."

어머니는 부엌으로 가 그동안 먹지 않고 아껴두었던 쌀을 모두 털어내 밥을 지었다.

"어머니, 웬 밥을 이렇게 많이 지으세요?"

"부처님 말씀을 배우려면 한시가 급하지 않니? 밥 한 숟가락 뜨고 어서 떠나거라. 남은 밥은 모두 싸 주마."

진정은 눈물을 꿀꺽 삼켰다.

"어머니를 두고 홀로 떠나는 것도 불효인데, 남은 양식을 모두 싸 가라니요!"

"얘야, 내가 죽기 전에 네가 부처님의 말씀을 깨닫는다면 나는 굶어죽어도 여한이 없단다."

어머니는 기어코 밥을 싸서 진정을 떠나보냈다. 밤낮으로 3일을 걸으며 어머니가 싸 준 밥으로 끼니를 때웠다. 그리고 마침내 태백산에 이른 진정은 의상을 찾아갔다.

"스님의 제자가 되려고 찾아왔습니다. 거두어 주십시오."

진정은 머리를 깎고 의상의 제자가 되었다. 그리고 의상에게 부처의 가르침을 차근차근 배워 나갔다. 몇 년 뒤 진정은 그토록 바라던 스님이 되었다.

'어머니는 어떻게 지내고 계실까?'

진정 스님은 어머니가 그립고 걱정이 되었으나 그럴수록 부처의 도를 닦는데 더 집중했다.

그러던 어느 날, 어머니가 돌아가셨다는 소식이 들려왔다. 진정 스님은 몸을 바르게 한 뒤 가부좌를 하고 앉아 기도를 시작했다.

7일 동안 밥 한 톨 먹지 않고 잠 한 숨 자지 않은 채, 오직 어머니를 위해 기도를 올렸다.

"효심도 갸륵하고, 부처님을 따르는 마음도 크구나."

의상은 진정 스님의 마음을 달래 주기 위해 제자들을 이끌고 소백산으로 들어갔다. 그곳에 집을 짓고 〈화엄대전〉이라는 부처님 말씀을 가르쳤다. 진정 스님을 비롯하여 3천 명이나 되는 제자들이 약 90일 동안 부처님의 말씀에 귀를 기울였다.

의상의 가르침이 모두 끝난 날 밤, 진정 스님은 꿈에 어머니를 만났다.

"얘야, 네 기도 덕분에 나는 이미 하늘에서 다시 태어났단다."

진정 스님은 가슴이 벅차올랐다. 꿈에서 깨어났지만 어머니의 모습이 어찌나 생생한지 절로 기쁨이 솟았다.

"어머니께서 극락세계로 가신 게 틀림없어. 부처님, 감사합니다. 나무아미타불 관세음보살."

진정 스님은 또다시 감사의 기도를 올렸다.

처음 만나는 삼국유사

초판 1쇄 발행 2023년 3월 31일
초판 2쇄 발행 2023년 11월 30일

원작 일연
글 함윤미
그림 김서윤
펴낸이 박수길
펴낸곳 (주)도서출판 미래지식
기획 편집 김아롬
디자인 그래픽디자인스튜디오 봄꽃처럼

주소 경기도 고양시 덕양구 통일로 140 삼송테크노밸리 A동 3층 333호
전화 02)389-0152
팩스 02)389-0156
홈페이지 www.miraejisig.co.kr
전자우편 miraejisig@naver.com
등록번호 제 2018-000205호

* 이 책의 판권은 미래지식에 있습니다.
* 값은 표지 뒷면에 표기되어 있습니다.
* 잘못된 책은 구입하신 서점에서 바꾸어 드립니다.

ISBN 979-11-91349-62-7 (74140)
979-11-965989-3-8 (세트)

* 미래주니어는 미래지식의 어린이책 브랜드입니다.